ÉTUDE

SUR LE

PROJET DE CODE RURAL

LIVRE I

PAR

ALEXANDRE MOLL

DOCTEUR EN DROIT

AVOCAT A LA COUR IMPÉRIALE DE COLMAR

> Nous voulons écrire pour le vul-
> gaire plutôt que pour les savants de
> qui nous prétendrions apprendre.
> Henrys cité par M. Troplong, Des
> priviléges n° 54.

COLMAR

IMPRIMERIE ET LITHOGRAPHIE DE CAMILLE DECKER

1869

C.

ÉTUDE

SUR

LE PROJET DE CODE RURAL

I.

S'il est des personnes qui se sont imaginé que la ré-
novation ou le progrès de l'agriculture dépendaient de la
confection d'un code rural, la lecture du premier livre
du projet de ce code, qui a été récemment livré à la pu-
blicité, a dû les désillusionner. A part quelques règles,
dont la plupart d'ailleurs découlaient déjà du principe de
la liberté des conventions, le projet ne fait que rappeler
des prescriptions législatives actuellement en vigueur et
sous l'empire desquelles par conséquent l'agriculture
vivait depuis longtemps. Aussi n'est-il pas besoin d'être
prophète pour affirmer que la promulgation du nouveau
code ne modifiera sensiblement en rien la situation
agricole.

C'est que ce n'est pas dans la législation civile qui

régit aujourd'hui l'industrie rurale que se trouve la cause du malaise dont celle-ci est atteinte. A l'agriculture, comme à toute industrie, ce qu'il faut avant tout, pour prospérer, c'est de se mouvoir librement, sans être gênée par des entraves inutiles ou accablée par des charges onéreuses ; et, à cet égard, le droit commun, tel que le formule le Code Napoléon, pouvait à la rigueur lui suffire. Aussi, nonobstant ses souffrances présentes, s'est-elle développée depuis plus d'un demi-siècle, dans une mesure qui est sans contredit hors de proportion avec l'état où elle se trouvait sous l'ancien régime. Et ce serait aller contre l'évidence que de chercher la cause principale de cet épanouissement ailleurs que dans les lois révolutionnaires, qui, consacrées définitivement par le Code civil, ont anéanti les charges si multiples et si diverses, si vexatoires et si lourdes qui grevaient la propriété : les rentes et redevances de toute nature dont elle était tenue, les cens, les champarts, les dîmes ecclésiastiques ou inféodées, les corvées réelles ou personnelles, les banalités ; aboli le domaine féodal, censuel, mainmortable ; supprimé la directe seigneuriale et même emphytéotique, et n'ont plus laissé subsister que le franc-alleu, en posant les grands principes de l'affranchissement de la terre et de la culture et de la liberté du cultivateur et du propriétaire. Si quelques-unes de ces lois doivent être réprouvées, parce qu'elles furent des actes de spoliation, les principes qu'elles ont proclamés n'en ont pas moins produit leur effet, n'en sont pas moins le vrai fondement de toute prospérité agricole. Aujourd'hui inattaquables et inattaqués, ils sont, comme je viens de le dire, inscrits expressément ou implicitement dans le Code Napoléon, qui lui-même, dans son ensemble et dans ses dispositions

essentielles, est maintenant accepté par tout le monde ;
sur quelques points seulement il est encore critiqué et
critiqué notamment au point de vue des exigences de
l'agriculture. J'aurai bientôt à apprécier les plus importantes de ces critiques, car il serait impossible de n'en
pas dire quelques mots dans l'étude d'une législation qui
doit donner satisfaction à tous les besoins, à tous les intérêts ruraux.

Mais — sous la réserve de ces reproches partiels — le
droit civil qui nous régit n'est pas ce qui peut provoquer
les doléances des agriculteurs.

C'est en dehors de lui que se trouve le mal et qu'il faut
conséquemment chercher le remède.

Charges trop lourdes pesant sur la propriété foncière ;
frais trop onéreux des diverses transmissions de cette
propriété ; absence de plus en plus désastreuse des bras
nécessaires à la culture, qui provient de l'émigration in-
cessante des campagnards dans les villes et que les exa-
gérations du service militaire rendront probablement
plus sensible encore ; manque de crédit par suite de
l'absorption des capitaux et des épargnes par des entre-
prises industrielles, commerciales, financières de toute
nature, qui les détournent des campagnes : telles sont les
faits qui ont été indiqués bien souvent et depuis longtemps comme causes de l'état incertain et malatif de
l'agriculture.

Je ne dirai rien de la réforme douanière et de la suppression de l'échelle mobile, si ce n'est que la transition
entre l'ancien et le nouveau régime économique n'a pas
été suffisamment ménagée ; je n'en dirai rien, parce que
je crois que l'avenir appartient au libre échange.

Les voies de communication de toute espèce, qui excitaient les plaintes de tous ceux qui s'intéressent à l'agriculture, sont aujourd'hui l'objet d'une véritable sollicitude de la part du gouvernement, sollicitude attestée naguère par la loi sur les chemins vicinaux et en ce moment par le projet même du Code rural. C'est donc aussi un sujet à passer sous silence.

Mais aux causes précitées, il faut en ajouter une autre. Je veux parler de ce système politique de centralisation, de ce système d'ingérence universelle du pouvoir et de l'administration dans la gestion des affaires communales et des intérêts qui devraient relever uniquement de l'action privée. On se tromperait fort en s'imaginant que ce système — que le second empire a hérité du reste de tous les gouvernements qui l'ont précédé, mais qu'il a eu le tort de ne pas répudier résolument — soit sans influence ou n'ait qu'une influence médiocre sur le sort de l'agriculture. Si je ne m'abuse, cette influence est au contraire immense, quoiqu'elle échappe à une appréciation précise. Ce qui est certain, c'est que là où existe la petite propriété (et c'est la petite propriété qui prévaudra de plus en plus) les propriétaires cultivateurs n'ont pas les moyens d'établir une culture qui arrache à la terre tout ce que celle-ci serait susceptible de produire. Mais, au lieu d'attaquer la petite propriété, comme on le fait, il serait plus opportun de chercher à la purger de ses inconvénients, de façon à ce qu'elle ne gardât plus que ses avantages. C'est ce que peut faire, en partie du moins, le développement de l'esprit d'association, laquelle permet à chacun de trouver dans des forces collectives et des épargnes communes les ressources que son isolement et la médiocrité de sa fortune ne lui permettent pas de se procurer par lui-même. Or, cet esprit d'association, d'entente, d'aide mutuelle, qui malheureusement fait défaut d'une manière à peu près absolue dans nos campagnes, il serait chimérique de vouloir le faire naître et de prétendre le développer, si l'on ne commence par éveiller et par exciter l'initiative privée, la spontanéité individuelle, l'activité consciente de ses droits et confiante en sa puissance. L'association n'est que le concours libre et volontaire d'intérêts à la fois divers et communs qui se rapprochent pour s'entendre et triompher des obstacles qui s'opposent à leur satisfaction. Pour faire sortir l'individu de son individualisme, il faut donc l'habituer à faire usage de sa volonté et à mettre sa liberté en exercice, à compter sur lui-même, au lieu de s'endormir dans l'insouciance et de rester indifférent à des choses qui le touchent de près, mais pour lesquelles il est persuadé n'avoir ni compétence, ni capacité ; à ne pas tout attendre, le cas échéant, du gouvernement et de l'administration. Il faut, en un mot, apprendre aux citoyens à faire leurs affaires eux-mêmes ; et pour cela, il n'y a qu'un moyen : c'est que l'autorité publique renonce à s'en mêler, en remettant décidément et franchement entre les mains des communes et des particuliers la pleine et exclusive gestion de leurs intérêts, avec la responsabilité de cette gestion et aussi avec la liberté la plus complète, liberté sans laquelle la responsabilité ne se conçoit pas : de telle sorte que les particuliers seront bien obligés de prendre une part active à toutes les affaires qui les concernent, quand d'un côté on ne s'en occupera plus pour eux et que de l'autre ils seront responsables même de leur négligence soit envers l'autorité publique, soit envers leurs concitoyens. Alors — comme tout se tient et s'enchaîne — on pourra voir l'activité individuelle enfanter l'association et l'association

venir au secours de la faiblesse individuelle. Mais vouloir
que les propriétaires et les cultivateurs se rapprochent et
délibèrent librement et souverainement sur l'un ou l'autre
de leurs intérêts agricoles, en leur refusant la même faculté à l'égard de la généralité de leurs intérêts communs,
c'est une prétention par trop visiblement absurde ; c'est
refuser en réalité ce qu'on donne en apparence ; c'est accorder la liberté et encourager l'initiave privée, en deshabi-
tuant les individus de cette initiative et de cette liberté ;
c'est, à la lettre, vouloir faire marcher un homme qu'on
tient attaché par le cou, les bras et la jambe droite, sous
prétexte qu'on laisse libre sa jambe gauche.

Oui, la prospérité agricole a un rapport étroit, une
affinité intime avec l'émancipation de la commune rurale;
et cette émancipation, là où la propriété est petite et
morcelée, serait un véritable bienfait pour l'agriculture.
Et c'est ici, sans aucun doute, un des côtés principaux
par où la question agricole touche à la question politique.

Je n'ai fait qu'indiquer rapidement et sommairement
la cause des maux dont souffre l'industrie rurale, car je
n'ai point à traiter de cette matière. Mon dessein a seulement été de faire voir, ainsi que je le disais, qu'il ne faut
pas attendre d'une nouvelle législation un remède efficace à son malaise actuel, un gage de sa prospérité future,
parce que la législation civile qui la régit présentement
n'est pour rien dans ses souffrances dont la cause doit
être recherchée dans les actes et dans les institutions
politiques ou administratifs, économiques ou financiers,
ainsi que dans des mœurs et des tendances de passivité
qui malheureusement ont été trop encouragés.

Est-ce à dire maintenant que le nouveau Code rural

sera une œuvre inutile? A Dieu ne plaise que je le pré-
,tende ! Si en ce moment la confection d'un Code rural
n'a , à mon avis , qu'une importance secondaire pour
l'agriculture , cette importance est cependant réelle et
très-réelle.

. La loi, tout en respectant la liberté des citoyens, doit
poser les règles des conventions qu'ils peuvent faire entre
eux, afin que, dans le silence des stipulations sur les
points de détail, il ne s'élève point de difficultés sur
l'existence ou sur le sens des clauses non formellement
indiquées dans les contrats. Elle doit poser des limites à
la liberté soit des contrats, soit des actes positifs ou né-
gatifs des citoyens, en tant que l'exercice absolu de cette
liberté serait préjudiciable à autrui ou incompatible avec
l'intérêt général et l'ordre public. Enfin elle doit statuer
sur l'usage des choses communes , tant pour fixer et garantir les droits respectifs dans la jouissance de ces
choses que pour répartir les charges et les obligations
qui sont corrélatives à cette jouissance , afin que chacun
connaisse clairement quels sont ses droits et quels sont
ses devoirs.

Or, si la loi commune suffit en général aux besoins
ordinaires de la vie civile, on comprend néanmoins que
des situations spéciales peuvent exiger des règles spéciales,
soit parce que la loi commune ne prévoit point les besoins
qui naissent de ces situations, soit parce qu'il est opportun de modifier le droit commun qui ne leur convient
pas. C'est ainsi que le commerce, par exemple, puise
dans le droit civil ce qui est nécessaire à la vie commerciale. Cependant il est tel fait provoqué ou tel contrat
créé par les nécessités du commerce , qui ne se rencontrent pas dans les errements habituels de la vie civile

et que par conséquent la loi commune ne règlemente pas.
Ou bien, telle disposition du droit commun, si elle était
purement et simplement appliquée dans les relations
commerciales, leur serait plus funeste qu'avantageuse, les
entraverait au lieu de les stimuler. Il est donc utile de
compléter les prescriptions du droit civil ou de les modifier, pour les mettre en harmonie avec les exigences
commerciales. De là les lois commerciales, le Code de
commerce.

Il en est de même pour l'agriculture, à cette différence
près qu'elle n'a pas, autant que le commerce, à se séparer
du droit commun, parce que les règles juridiques qui lui
sont nécessaires font précisément l'objet de ce droit qui
répond en général d'une manière suffisante à ses besoins.
Les principes qui régissent la propriété ou la possession,
la vente des biens ou celle de leurs produits, les baux,
l'usufruit, l'affectation des biens aux créanciers, les droits
de ceux-ci selon qu'ils sont créanciers hypothécaires ou
simplement chirographaires, sont indifféremment applicables à la propriété rurale et à la propriété urbaine.
Mais il peut en être autrement : l'intérêt de l'agriculture
peut exiger que la législation civile reçoive certaines modifications ou certaines extensions. C'est ainsi que, selon
la doctrine de beaucoup la plus probable, quoique ce ne
soit point celle de la cour de cassation, la loi ne reconnait
plus à l'emphytéose le caractère de droit réel et partant
la dépouille des avantages inhérents au droit réel, tandis
que le projet du Code rural, pour mettre entre les mains
des propriétaires et des cultivateurs un mode nouveau et
utile de louage et d'exploitation agricole, lui restitue ce
caractère. D'un autre côté, l'agriculture a des besoins qui
lui sont éminemment propres et auxquelles dès lors il doit

être pourvu par des lois spéciales ; et telles sont les lois
relatives aux irrigations, au drainage, à la vaine pâture,
à l'échenillage, à la police rurale, aux chemins affectés
particulièrement aux exploitations agricoles.

Ainsi que je l'ai dit et comme il en est d'ailleurs de
toutes nos lois nouvelles qui ne font la plupart du temps
que rassembler ce qui est épars, presque toutes les dispositions du projet du Code rural sont empruntées à des
lois actuellement en vigueur. L'originalité n'est donc pas
ce qu'il faut y chercher. C'est du reste ce dont on félicitera les auteurs du projet. La sagesse du législateur ne
consiste pas à innover, mais bien plutôt à ériger en lois
les règles ou les usages que l'expérience a adoptés et
consacrés. Mais sous ce rapport encore, l'utilité du nouveau Code est incontestable, car il est hors de doute
qu'un Code, où se trouvent réunies dans un harmonieux
ensemble toutes les lois relatives à une certaine matière, présente autant d'avantages qu'il y a d'inconvénients
à ce que ces mêmes lois soient dispersées et disséminées
çà et là.

Si donc il ne faut pas demander au Code rural ce qu'il
est impuissant à donner, on n'en reconnaîtra pas moins qu'il
sera un bienfait réel, parceque des lois qui règlent sagement les droits et les devoirs des citoyens et donnent, par
une heureuse conciliation, satisfaction à tous les intérêts
légitimes, sont toujours un grand bienfait, le plus grand
bienfait même, a dit un écrivain illustre, dont on puisse
gratifier les hommes. A ce titre, le Code rural contribuera,
pour sa part, à la prospérité et au développement de
l'agriculture, si d'ailleurs on réforme aussi la législation
politique, administrative, économique et fiscale. En fixant
par des règles précises et équitables plus d'un point mal

défini et resté obscur jusqu'à présent, en élargissant la
sphère des contrats utiles à l'industrie rurale, en appelant
à certains égards les intérêts isolés pour qu'ils s'entendent
dans un intérêt commun, en donnant enfin aux agriculteurs un moyen simple et facile de connaître avec certitude toute l'étendue de leurs droits et de leurs obligations,
le nouveau code aura fait son œuvre, car il aura posé les
conditions premières et essentielles de tout progrès : la
stabilité, la sécurité, la confiance. Et si cette œuvre n'est
pas tout, elle est assurément quelque chose.

Le Code rural, disais-je, ne produira, à lui seul, qu'un
effet médiocre sur l'agriculture; mais, ajoutais-je, il aura
au contraire sur elle une influence efficace et favorable,
s'il est l'avant-coureur d'autres lois et d'autres réformes.
Cela paraîtrait-il singulier à quelques esprits ?

Je parlais tout à l'heure du commerce. Quelqu'un
oserait-il soutenir que le développement immense qu'a
pris l'industrie manufacturière et commerciale depuis
soixante ans ait sa cause dans le Code de commerce, à tel
point que, si ce code n'eût pas été fait, cette industrie
serait encore dans l'état où elle se trouvait autrefois?
Personne certainement ne se hasardera à émettre une
opinion aussi peu sensée. Evidemment c'est dans d'autres
circonstances qu'il faut chercher la source de cette vaste
et rapide expansion. Par contre, qui niera que le Code de
commerce y a puissamment contribué, en donnant au
commerce et à l'industrie manufacturière un régime ap-
proprié à leur nature et à leurs besoins, tandis que
l'application de la législation commune eût entravé leur
essor? Le nier ne serait pas moins déraisonnable ; et il
reste vrai que le Code de commerce, quoiqu'on ne puisse
lui faire l'honneur du progrès industriel et commercial,

a néanmoins le droit de revendiquer une part considérable dans ce progrès.

. Ainsi en sera-t-il du Code rural, bien qu'il soit dans
la nature des choses, comme je l'ai déjà énoncé, que ce
code ne puisse pas avoir sur l'industrie agricole une
influence aussi grande que celle que le Code de commerce
a eue sur l'industrie manufacturière.

Saluons donc avec satisfaction l'annonce du Code rural
et remercions le législateur d'avoir enfin songé sérieusement à en doter la France et l'agriculture.

Encore un mot : pour apprécier convenablement le
projet de Code, il faudrait être à la fois agriculteur et
juriste. Si je suis fort peu juriste, je suis encore bien
moins agriculteur, chose que j'ai d'ailleurs toujours re-
grettée. Ce n'est donc guère qu'au point de vue juridique
que je pourrai l'examiner et voilà pourquoi il serait utile
— et c'est mon vœu — que les agronomes viennent compléter par leurs observations l'étude que j'essaie d'entreprendre.

II.

Le projet du Code rural commence par disposer que
« les biens ruraux restent placés sous l'empire des lois
qui régissent la propriété et spécialement sous l'empire
du Code napoléon. »

Le Code Napoléon contient en effet des règles qui
s'appliquent à toute espèce de propriété foncière, de
quelque nature qu'elle soit. Ces règles ont subi l'épreuve
de l'expérience des siècles, qui les a approuvées et acceptées comme l'expression de la raison même. C'est prin-

cipalement dans le droit romain que les auteurs du Code civil les ont puisées; et elles sont telles, pour la plupart, qu'on ne voit pas comment on pourrait les remplacer avantageusement.

En général et dans son ensemble, le régime que le Code napoléon impose à la propriété ne donne pas prise à la critique qui ne peut s'exercer que sur des points de détail.

Cependant deux reproches, graves entre tous les autres, lui ont été adressés; l'un a été dirigé contre la manière dont il règle la transmission héréditaire des biens, l'autre contre son formalisme hypothécaire. C'est le moment d'en dire un mot.

Dès l'origine du Code, le principe du partage égal entre les enfants a été attaqué. Ces attaques ont redoublé de vivacité dans ces derniers temps sous le patronage d'hommes professant d'ailleurs les opinions les plus diverses. Elles ont ému le corps législatif même; et l'on se rappelle encore l'imposante manifestation qui, à cet égard, avait lieu naguère dans son sein.

On objecte contre le partage égal qu'il est une cause active du malaise de l'agriculture, parceque, à chaque décès, il a pour résultat de détruire l'œuvre que le père de famille a fondée par toute une vie de travail, en rendant ses soins et ses sacrifices infructueux par suite de la division de l'héritage entre les enfants, division qui entraîne la mutilation ou l'anéantissement de l'exploitation agricole : en sorte que chaque génération est obligée de recommencer sa tâche sans pouvoir profiter de l'œuvre de la génération antérieure. Non-seulement le partage forcé ruine à la mort du père de famille une exploitation prospère, mais il produit aussi cet effet fâcheux d'arrêter celui-ci dans l'accomplissement des améliorations dont son exploitation serait susceptible, par cela même qu'il prévoit l'inutilité de ses efforts pour l'avenir. Ce n'est, dit-on, que par la liberté testamentaire et le partage inégal qui permettent à un enfant de se mettre en possession exclusive de l'exploitation paternelle, que peut se former la famille *souche*, sans laquelle il n'est pas de prospérité possible pour l'agriculture, tandis que le partage égal et forcé produit nécessairement la famille *instable*, qui est pour l'agriculture une cause d'inévitable décadence.

Malheureusement, ou plutôt heureusement, ces prétendues conséquences du régime successoral du Code napoléon sont loin d'être certaines; et avant de les tenir pour vraies, on est en droit d'exiger la preuve irrécusable qu'elles sont d'accord avec les faits. Il ne s'agit pas ici, bien entendu, de savoir si dans tel cas particulier il est arrivé déjà, s'il arrivera peut-être encore que l'égalité du partage ait pour résultat de dissoudre telle famille, de détruire telle exploitation qui, après tout, n'est que transférée en bloc ou en détail à une autre famille. La question est de savoir si, en somme, le partage égal doit avoir et a effectivement un résultat pernicieux pour l'agriculture; or, à considérer les choses dans leur ensemble, il ne paraît nullement qu'il en soit ainsi. En Alsace, l'égalité dans le partage héréditaire est accepté et pratiqué franchement et ce n'est pas à ses agriculteurs que peut s'appliquer cette parole de M. Le Play, un des plus ardents partisans de la liberté testamentaire : « Les paysans propriétaires cultivant le sol de leurs propres mains forment, entre toutes les classes de la société, celle qui .... est le plus portée vers la transmission inté-

grale des biens de famille. » Cependant la condition agricole de l'Alsace ne le cède à celle de pas une province
de France ; et l'on étonnerait singulièrement nos cultivateurs en leur apprenant que, moyennant la répartition
inégale de leurs biens entre leurs enfants, ils donneraient
à l'agriculture une impulsion toute nouvelle. La réflexion
que je fais pour l'Alsace s'applique à tout le nord de la
France. Non-seulement là l'égalité du partage n'est pas
une entrave à la marche de l'agriculture, mais elle n'a
nullement pour effet de détruire la famille souche et de
lui substituer la famille instable. C'est du moins ce qui a
lieu autour de nous et il suffit d'ouvrir les yeux pour les
voir. Dans les familles aisées qui comptent plusieurs
enfants, que se passe-t-il ? Un ou deux enfants gardent
l'exploitation ; les autres s'établissent dans des positions
libérales, industrielles, commerciales ; les filles se marient ou demeurent avec celui qui continue la culture
paternelle. Chacun garde sa part d'héritage, seulement
ceux qui restent à la tête de l'exploitation font entrer les
bâtiments dans leur lot ou finissent par les acquérir avec
les produits de leur travail. Ils conservent les biens de
leurs frères, moyennant une rente qu'ils leur servent et
même finissent par acquérir ces biens à la longue. Ou
enfin si leurs frères les vendent à des étrangers, l'exploitation agricole n'est que diminuée ; mais, quoique moins
vaste, elle subsiste jusqu'à ce qu'elle finisse par être
reconstituée en totalité ou en grande partie au moyen des
économies réalisées par le travail. Les filles qui se
marient prennent sans doute leur part dans les prés , les
champs et les vignes ; mais, si elles ne quittent pas la
commune, elles ne font que joindre ces fonds à une autre
exploitation ; et , si elles vont résider ailleurs, on se

trouve dans un cas pareil à celui des fils qui quittent le toit paternel. Le partage forcé , en un mot, n'empêche ni la famille de faire souche, ni l'exploitation rurale de continuer.

Dans les familles moins aisées , les choses peuvent se passer un peu différemment , mais sans que l'intérêt général en soit compromis. Un enfant parvient quelquefois à garder la maison d'habitation , tandis que les autres se font ouvriers ruraux ou industriels ; mais le plus souvent il y a lieu de vendre la maison d'habitation et le bâtiment d'exploitation y attenant , et l'exploitation se dissout ainsi. Mais cela se fait-il au préjudice de l'agriculture ? Nullement. Qu'était-ce que l'exploitation en pareil cas ? peu de chose ; et assurément ce n'est pas en cette occurence que l'on peut parler sérieusement de l'anéantissement ou de l'inutilité des impenses faites par le père de famille. Qu'arrive-t-il donc ? C'est tout simplement que des champs isolés et morcelés vont rejoindre, peut-être avec avantage, une culture plus importante. Le personnel de la culture change , le résultat reste le même.

J'ai parlé du nord de la France et notamment j'ai cité l'Alsace comme un pays dont les cultivateurs auraient peine à concevoir l'effet funeste de l'égalité du partage héréditaire. Mais comparons maintenant les provinces du nord avec celles du midi. Dans le midi, paraît-il, on cherche par tous les moyens à éluder les dispositions du Code Napoléon, c'est-à-dire que, non-seulement les pères de famille réduisent leurs enfants à la réserve légale pour avantager l'héritier qui doit succéder à l'exploitation agricole , mais qu'ils usent encore de tous les moyens indirects et détournés pour dépasser la quotité disponible de leur biens. C'est là, nous affirme-t-on, un fait journalier et qui a passé dans les mœurs. Dans les provinces méridionales règne donc, en dépit du Code Napoléon, le partage inégal ; et la transmission du corps d'exploitation s'y fait, autant que possible, au profit d'un seul enfant. Il suit de là que si le système du Code Napoléon est défavorable à l'agriculture, le midi de la France, où il est violé, doit être dans une situation agricole infiniment plus prospère que le nord, où il est respecté. Or est-ce là ce qui a lieu ? Tout le monde ne sait-il pas que c'est le contraire qui est vrai, et que, comparée à celle du nord, l'agriculture du midi est en pleine décadence ? Et n'est-ce pas du midi que se sont élevées les plaintes si nombreuses et si vives qui ont abouti à l'enquête agricole ? Qu'on dise, tant que l'on voudra, que cette infériorité à des causes spéciales. Je n'y contredis certes pas, car il faut bien qu'il y en ait ; mais quelles que soient ces causes il reste toujours ceci : c'est que la pratique suivie dans les provinces méridionales aurait dû contribuer à relever l'agriculture dans le midi et que la coutume des provinces septentrionales aurait dû faire baisser dans le nord le niveau de sa supériorité d'autant qu'il se serait élevé dans le midi. Or comme il s'en faut qu'il en soit ainsi, on a mauvaise grace à accuser le régime successoral du Code Napoléon de ce dont il est certainement bien innocent.

On voit par là même qu'il n'y a aucun argument à tirer de ce que l'Angleterre, où existe la liberté testamentaire et où se pratique la transmission intégrale du patrimoine, arrive à produire vingt-quatre hectolitres de blé par hectare, tandis que la moyenne ne s'élève pas en France au-dessus de quatorze hectolitres. Ce qui le prouve encore, c'est que la Belgique, qui est régie par le Code Napoléon, a une agriculture qui rivalise de fécondité avec celle de l'Angleterre.

Des considérations d'une nature différente militent d'ailleurs d'une manière décisive en faveur du maintien du régime de ce code. Il est certain que ses auteurs ont voulu, s'il est permis de parler ainsi, démocratiser la propriété. Leur but a été d'établir un système de succession qui empêchât les biens de s'immobiliser entre les mains d'un petit nombre de personnes, afin que la trop grande inégalité des fortunes ne portât pas un contre-coup à l'égalité politique et civile. A moins de vouloir favoriser les uns au détriment des autres et sacrifier l'intérêt du grand nombre à quelques intérêts particuliers, on ne peut que les approuver. Les blâmerait-on du reste, qu'on ne changerait rien à l'état des choses, car il n'est plus temps de refouler le torrent égalitaire qui déborde sur le monde. La critique ne peut donc porter sur le principe, mais uniquement sur la mesure : on peut leur reprocher, non pas d'avoir établi la réserve héréditaire, mais seulement de n'avoir pas suffisamment étendu la quotité disponible au profit du père de famille. Quoi qu'il en soit, le système du Code a produit ce bienfait de multi-plier le nombre des propriétaires. Et si la petite pro-priété a des inconvénients, auxquels il est certainement possible de remédier, il me paraît aussi hors de doute que, dans le temps où nous vivons, la société a un intérêt suprême à ce que les propriétaires soient aussi nombreux que possible. Qui dira si le salut social n'est pas à ce prix ? Le communisme est vaincu, dit-on. Vaincu, oui, comme doctrine : comme la doctrine du vol, comme celles de l'assassinat, du pillage, de l'incendie sont

vaincues. Mais ce qui n'est pas aussi clair, c'est que la
défaite de la doctrine ait entraîné l'abdication des passions.
Dans tous les cas, les attaques à main armée contre
la propriété sont de date trop récente, pour qu'il n'y
ait pas lieu de désirer que la grande majorité des citoyens soit intéressée au maintien de la propriété, c'est-
à-dire soit propriétaire.

La justice demande aussi qu'on conserve le principe
successoral du Code Napoléon. Quand bien même on
parviendrait à prouver que l'exhérédation d'une partie
des enfants est favorable à la prospérité agricole, que le
nombre plus ou moins grand des propriétaires et la répartition plus ou moins égalitaire des fortunes foncières
sont indifférents à la société, le sentiment populaire n'en
protesterait pas moins avec énergie contre une innovation qu'il regarderait avec raison comme une iniquité.
Entre la théorie romaine qui donnait au père de famille
la disposition pleine et entière de ses biens dont il était
réputé maître absolu et exclusif et la pensée germanique
qui considérait en quelque sorte tous les membres de la
famille comme copropriétaires des biens, entre l'asser-
tion de Montesquieu qui prétendait que, d'après le droit
naturel, les enfants ne sont pas nécessairement les héritiers de leur parents et l'opinion de Domat qui estimait
au contraire que c'est la loi même de la nature qui donne
aux enfants et par conséquent à chacun d'eux la qualité
d'héritiers, la conscience publique a depuis longtemps
fait son choix : elle a consacré la doctrine germanique et
ratifié le jugement de Domat. A l'heure qu'il est, l'exhérédation des enfants au profit de l'un ou de plusieurs
d'entre eux, ou même un avantage exagéré attribué à
ceux-ci au préjudice de ceux-là ne lui paraîtraient qu'une

injustice criante, digne de toute sa réprobation. La conscience populaire se trompe-t-elle ici ? Ce n'est pas probable. Si elle peut errer sur la solution d'un problème politique ou économique, il est plus difficile qu'elle s'égare sur un point de morale.

Tels sont les motifs qui doivent faire maintenir le principe posé par le Code Napoléon.

S'en suit-il que le système de ce Code soit parfait ? qu'il n'y ait absolument rien à y changer ?

Non : les plaintes qui se sont élevées contre lui et qui sont venues de divers côtés prouvent — comme on disait sous le gouvernement parlementaire, dans un langage aujourd'hui perdu — qu'il y a quelque chose à faire. Il est juste de chercher à concilier davantage les droits respectifs des enfants avec une conservation mieux garantie de l'intégralité des exploitations rurales. Mais on ne touchera pas aux articles 913 et 914 du Code civil, qui fixent d'une manière équitable la réserve des héritiers et la quotité disponible au moyen de laquelle le père de famille peut avantager l'un de ses enfants. Cette quotité doit lui suffire pour prendre les arrangements et faire les combinaisons destinés à maintenir le corps d'exploitation entre les mains de l'héritier de son choix, sans sacrifier ses autres descendants.

Lui permettra-t-on de donner tous ses biens ruraux à l'un de ses enfants, à charge par celui-ci de payer à ses frères et sœurs une redevance équivalente aux produits des biens qui représentent leur réserve et garantie par une affectation hypothécaire à leur profit de tous les biens qui sont entre les mains de l'héritier ? Ce droit, si on le lui accordait, aurait pour résultat d'interdire aux enfants toute prétention sur leur part héréditaire, tant

que la redevance leur serait régulièrement payée, et de
les priver du moyen de se procurer un capital qui peut
leur être d'autant plus nécessaire qu'il seront obligés de
chercher fortune dans l'industrie manufacturière ou dans
le commerce. Ils seraient ainsi gravement lésés ; ils seraient en réalité dépouillés de la légitime que la loi leur
assure et doit leur assurer, car ils ne trouveraient pas à
céder, sans une perte considérable, une redevance dont
le débiteur aurait le droit de ne rembourser le capital
qu'à son gré. Le maximum de la concession à faire à
ceux qui attaquent le Code — et cette concession même
me paraîtrait exorbitante — serait de donner au père de
famille le droit d'autoriser son héritier à garder les parts
que la loi attribue aux autres enfants, sous la condition
de servir la redevance et d'acquérir, en en payant la
valeur vraie, les biens composant leur légitime dans un
délai que le législateur aurait à déterminer et qui ne
devrait être ni trop court pour être illusoire, ni trop long
pour léser d'une manière grave les droits et les intérêts
des réservataires. Passé ce délai, ceux-ci reprendraient
les biens dont la valeur ne leur aurait pas été remboursée.

A plus forte raison, le père de famille aurait-il le droit
d'autoriser son héritier privilégié à retenir tous les biens
ruraux en les payant immédiatement à ses cohéritiers,
sur le pied de leur valeur réelle. C'est même là une
innovation législative que j'appelle de mes vœux, ainsi
que cela résulte de ce que je vais dire dans un instant.

Si je ne pense pas qu'il y ait d'autre changement à apporter dans les principes qui régissent la succession testamentaire et si j'estime qu'il faut maintenir les dispositions
des articles 913 et 914, je crois au contraire que l'on peut

utilement modifier certaines règles de la succession *ab intestat*. Il me semble que, dans l'intérêt de l'agriculture, la loi ferait bien de se départir de la rigueur avec laquelle elle exige que les enfants se partagent les biens avec une égalité absolue ; d'attribuer à certains d'entre eux une part plus forte, dans les limites qu'elle a fixées elle-même pour le cas de dispositions entre vifs ou testamentaires ; d'améliorer la règle qui veut que le lot de chacun des cohéritiers comprenne une part proportionnelle d'immeubles et de valeurs mobilières et enfin de changer celle qui ordonne que le rapport des immeubles à la masse héréditaire se fasse en nature et que chaque héritier reçoive indifféremment les immeubles que le sort lui attribue.

Il est juste, à mon sens, que l'enfant qui a travaillé avec son père prenne, dans la mesure de la quotité dont il serait permis au père de famille de disposer par voie de testament ou de donation, une part plus grande que celle qui revient aux autres enfants. Cela est juste par deux raisons : cet enfant n'a rien coûté à ses parents, tandis que ceux-ci étaient obligés de payer les frais d'études, de surnumérariat, d'apprentissage des autres enfants ; il a de plus contribué, par son travail, à accroître le patrimoine commun. Portalis a dit : « un laboureur a eu d'abord un fils qui se trouvant le premier élevé est devenu le compagnon de ses travaux. Les enfants nés depuis, étant moins nécessaires au père, se sont répandus dans les villes et y ont poussé leur fortune. Lorsque le père mourra, sera-t-il juste que l'aîné partage également le champ amélioré par ses labeurs avec des frères qui sont déjà plus riches que lui ? » Cette observation est certainement judicieuse, et s'il ne faut pas en conclure à l'ex-

hérédation des frères et sœurs de l'enfant qui n'a pas
quitté la maison paternelle, du moins doit-on reconnaître
que celui-ci mérite quelque faveur. Un écrivain demandait
naguère qu'il prélevât, avant tout partage, les bâtiments
d'habitation et d'exploitation. J'irai à la fois plus loin et
moins loin : plus loin en donnant exclusivement à cet héritier le bétail, le foin, les pailles, les engrais, les usten-
siles, les instruments de toute nature servant à l'exploitation ; moins loin, en ne lui donnant tout cela que
jusqu'à concurrence de la réserve que la loi attribuerait
aux autres enfants, s'il avait été fait un testament ou une
donation. C'est certes là une assez belle concession faite
aux partisans du partage inégal ; et s'ils voulaient davantage, ils seraient assurément fort exigeants.

Mais il convient surtout que l'enfant, qui a pris part à
la culture et qui est destiné à la continuer, ait le privilége
de retenir dans son lot les biens ruraux et tout ce qui
sert à la culture, comme aussi de choisir entre ces biens
ceux qu'il veut garder. Rien n'est plus rationnel et plus
équitable. C'est à ceux qui sont restés étrangers à l'exploitation paternelle à se contenter des immeubles les moins
utiles à cette exploitation et surtout à ne prendre leur
part, le cas échéant, qu'en valeurs mobilières. Je suis le
premier à demander sous ce rapport la révision de l'article 832 du Code Napoléon.

J'en dirai autant de l'article 858 et de ceux qui en sont
la conséquence. La règle qui oblige les cohéritiers à
rapporter en nature et dans tous les cas les immeubles à
la succession ne me paraît rien moins qu'heureuse.
Pourquoi l'enfant qui est resté avec son père, qui a traité
comme siens les biens qu'il a cultivés avec soin, avec
fatigue, avec amour même, si je puis dire, va-t-il être

contraint de les échanger contre ceux qui sont entre les mains de ses frères ou de ses sœurs et de voir l'exploitation bouleversée de fond en comble ? Pourquoi réciproquement, les sœurs, par exemple, qui ont reçu leur part d'immeubles et les ont confondus dans l'exploitation de leurs maris seront-elles à leur tour forcées de les abandonner pour en recevoir d'autres, alors que cet échange aura pareillement pour effet de porter le trouble dans ces dernières exploitations en détachant d'elles des biens qui en font partie et en vue desquels elles sont réglées ? Dans ces circonstances, la nécessité du rapport en nature est véritablement une règle mauvaise et il y aurait un avantage incontestable à le remplacer par le rapport en moins prenant ; d'autant plus que le rapport en nature est nécessairement désastreux pour le crédit agricole, par suite de son effet qui est d'entraîner la résolution des hypothèques consenties sur les biens soumis au rapport.

Je signale — parce qu'elle touche à la question successorale et quoiqu'elle soit étrangère au droit civil — la réforme qu'il est urgent d'introduire dans la législation fiscale en matière de succession. Tout le monde sait que les droits de mutation sont perçus sur l'actif des successions, sans déduction du passif, de sorte qu'une succession, composée d'un actif de vingt mille francs, par exemple, mais grevée de dix mille francs de dettes et dont la valeur se réduit ainsi à dix mille francs, paye un impôt égal à celui que paye une succession sans passif et d'une valeur effective de vingt mille francs, c'est-à-dire un impôt double de celui qui devrait lui incomber. On réclame avec force depuis longtemps contre cette iniquité ruineuse pour les héritiers surtout dans les campagnes. Faire payer pour ce que l'on possède, c'est bien ; mais faire payer tout ensemble pour ce qu'on possède et pour ce qu'on ne possède pas, c'est un procédé qui a quelque ressemblance avec celui de cet empereur romain qui avait accordé le droit de cité à tous les pérégrins pour les imposer à la fois comme citoyens et comme non citoyens.

Telles sont , selon moi, les réformes dont est susceptible le régime successoral.

Il est bien entendu que j'ai passé sous silence celles qui pourraient encore y être introduites , mais qui n'auraient pas d'influence directe sur l'agriculture : comme le changement qu'il serait convenable d'apporter au résultat bizarre que produit le partage par lignes en mettant en concours et sur un pied d'égalité un parent du deuxième ou du troisième degré avec un parent du onzième ou du douzième ; comme aussi la la modification qui ferait à l'époux une place digne de lui dans la succession de son conjoint.

De même que le régime successoral , le régime hypothécaire du Code Napoléon a été l'objet de critiques répétées ; et ces critiques ne sont pas non plus tout à fait dénuées de fondement. Certes, je ne m'amuserai pas ici à discuter avec ceux qui soutiennent que l'hypothèque est une chose mauvaise en soi et qu'elle doit être prohibée par la législation civile. Le gage immobilier, aussi bien que le gage mobilier, est né le jour même où un homme s'est trouvé dans la nécessité d'emprunter à un autre homme ; et il subsistera tant que cette nécessité elle-même persistera. C'est pourquoi on le trouve mentionné , aussi loin qu'on plonge dans les siècles passés, par toutes les législations dont il reste quelque vestige.

En fait, l'hypothèque est la principale base du crédit agricole.

Mais si le principe de l'hypothèque est inattaquable, il n'en résulte pas que le système hypothécaire du Code civil le soit également.

Toutefois on remarquera que le vice capital que l'on y signalait a été effacé par la loi du 25 mars 1855 sur la transcription. Le résultat de cette loi a été d'affermir le crédit foncier en donnant à la propriété une assiette fixe et certaine au regard des tiers qui contractent avec les propriétaires.

Cependant le défaut toujours subsistant de ce système, c'est sa complication, ce sont ses formalités excessives et minutieuses, ce sont tous les incidents qu'il faut traverser pour arriver à l'expropriation du débiteur et à l'adjudication des biens hypothéqués, par suite de l'obligation où se trouve le créancier de passer par l'observation de toutes les règles que le Code de procédure impose à la saisie immobilière. Sans doute, il est bon de donner au propriétaire, au cultivateur, qui a été forcé d'emprunter, des garanties destinées à empêcher qu'il ne soit pas exproprié à la légère, avec une rapidité funeste, et que ses biens ne soient pas vendus à un prix infiniment au-dessous de leur valeur. Aussi ne faut-il pas rêver, pour la législation hypothécaire, une simplification extrême, qui serait dangereuse. A cet égard, a dit M. Troplong, « la législation est toujours assez simple quand elle est nettement formulée, quand les solennités qu'elle emploie sont, quoique nombreuses, claires et commandées par l'utilité, quand leur établissement est mitigé dans l'application par un principe large d'équité. »

Mais, d'un autre côté, il ne faut pas non plus que la

nécessité de passer par des actes de procédure multiples et interminables ait pour effet d'éloigner les capitaux de l'agriculture, en effarouchant les prêteurs des deniers dont les cultivateurs ont besoin pour arrondir leurs domaines, améliorer leurs terres, ou pourvoir à des nécessités urgentes et momentanées. Il est désirable aussi que le gage hypothécaire, c'est-à-dire les biens du propriétaire ou du cultivateur, ne soit pas notablement réduit, par les frais onéreux d'une procédure compliquée, qui diminuent ainsi ce qui pourrait rester au débiteur après que ses créanciers ont été satisfaits.

M. Batbie, dans un mémoire assez récent lu à l'Académie des sciences morales et politiques, se demande avec raison pourquoi ce qui peut se faire utilement et sans danger en faveur de la Société du Crédit foncier ne pourrait pas se faire de même en faveur de tout créancier hypothécaire. Le chapitre II du titre IV du décret-loi du 28 février — 9 avril 1852 organise, en effet, une procédure simple et expéditive qui permet à la société créancière d'arriver promptement et à moins de frais à la vente des immeubles qui lui sont hypothéqués. Cependant des garanties qui paraissent suffisantes sont données au débiteur, sauf peut-être en ce qui concerne la défense de frapper d'appel les jugements prononçant sur les contestations soulevées par le saisi : « Pourquoi, dit M. Batbie, ne généraliserait-on pas les dispositions qui ont été faites en faveur du Crédit foncier? Pourquoi conserverait-on à ces dispositions le caractère restreint et privilégié qu'elles ont reçu en naissant? Il me paraît difficile qu'elles ne soient pas bonnes en soi, puisque la loi les a jugées suffisamment protectrices pour des saisies importantes. A moins qu'on ne se laisse toucher par l'intérêt privé des agents de la saisie, je ne vois pas pour quelle raison on refuserait de faire le droit commun de ce qui n'est aujourd'hui que l'exception. »

Du reste, et indépendamment de l'existence d'une hypothèque, la réforme générale de la procédure de la saisie immobilière est nécessaire. C'est un point unanimement reconnu et sur lequel il est inutile d'insister, puisqu'on assure que cette réforme sera comprise dans la révision du Code de procédure, révision qui fera l'objet d'une loi prochaine.

Autrefois il était loisible à la volonté du créancier et du débiteur d'éviter les longues formalités et les incidents compliqués de la saisie immobilière. La clause de voie parée était la convention par laquelle ils déterminaient, lors du prêt, les formes et les conditions sous lesquelles aurait lieu la vente des immeubles constitués en hypothèque et par laquelle notamment le débiteur donnait au créancier le mandat irrévocable de les vendre sans être astreint à suivre les voies de la procédure sur saisie immobilière. Mais cette clause a été prohibée, en 1841, par le nouvel article 742 du Code de procédure, sous prétexte qu'elle serait une clause de style, l'emprunteur étant toujours à la merci du créancier, et qu'elle léserait les autres créanciers du débiteur, une vente faite en justice produisant un prix plus élevé qu'une vente faite sans les formalités judiciaires. On répondra à cette dernière considération qu'il est inexact de prétendre qu'une vente opérée par justice ait lieu dans des conditions plus favorables qu'une simple vente ordinaire et que, d'autre part, il n'est pas aisé de comprendre qu'un créancier soit tenu, dans ses stipulations, d'avoir égard aux intérêts de personnes qui lui sont étrangères, qu'il n'a évidemment pas plus à se préoccuper du tort qu'il peut leur causer par la clause de voie parée que de celui qu'il peut leur causer par la constitution même de l'hypothèque. Quant au motif qui invoque l'intérêt du débiteur et qui le montre placé sous la dépendance absolue du prêteur, on s'en prévaudrait avec tout autant de justesse pour interdire entre le prêteur et l'emprunteur toute autre espèce de convention et notamment la constitution d'hypothèque elle-même, puisque l'emprunteur ne se décidera souvent à hypothéquer ses immeubles que sous l'empire de la nécessité qui le force à se procurer de l'argent. Par contre, la prohibition de la clause de voie parée éloigne les bailleurs de deniers, au grand détriment du crédit nécessaire aux agriculteurs. On abrogera donc utilement l'article 742 du Code de procédure civile.

Une question qu'il est permis de considérer comme définitivement jugée, malgré quelques oppositions, est celle de l'inscription de l'hypothèque légale des incapables. Ceux qui ont lu la préface du *Commentaire des privilèges et hypothèques* y auront certainement puisé la conviction que, si jaloux que l'on soit de la sécurité des tiers, on ne doit pas moins assurer la protection des incapables et veiller aux intérêts des familles : ce qui conduit à dispenser d'inscription les hypothèques légales des femmes mariées, des mineurs et des interdits ; car l'octroi d'une hypothèque légale accordée à certaines personnes précisément en vue de leur incapacité et la nécessité absolue de l'inscrire pour qu'elle soit efficace sont deux choses contradictoires. Au surplus, le crédit public n'est pas aussi intéressé à son inscription qu'on le prétend : l'existence de la tutelle et du mariage sont des faits publics et patents qui avertissent par eux-mêmes les tiers qu'ils sont en présence d'une hypothèque légale.

Mais peut-être est-il possible de donner quelque satisfaction aux partisans de l'inscription, qui, après tout, sont guidés dans leur réclamation par un mobile respectable : la solidité du crédit, la sécurité des tiers. C'est une question à examiner que celle de savoir si les prêteurs ne doivent pas être autorisés, aussi bien que les acquéreurs, à forcer les personnes qui ont une hypothèque légale à la faire paraître au grand jour, au moment où ils prêtent leurs deniers : de sorte que les immeubles qui leur sont donnés en hypothèque soient purgés à leur égard de l'hypothèque légale, faute d'inscription de celle-ci dans un certain délai. Ainsi s'opère la purge des hypothèques légales, quand le prêteur est le crédit foncier, en vertu du décret du 28 février 1852 et de la loi du 10-15 juin 1853. Pourquoi la société du crédit foncier jouirait-elle seule d'une prérogative qui serait aussi avantageuse à tous autres bailleurs de fonds et qui, sans compromettre déraisonnablement les intérêts des incapables, paraît favorable au crédit?

Si la question du crédit agricole est intimement liée à la question hypothécaire, il ne suffit cependant pas d'une bonne organisation hypothécaire, pour que l'agriculture trouve les ressources dont elle a besoin, tant que des causes diverses rendront cette organisation inefficace en détournant les capitalistes des placements ruraux. Ce serait rendre à l'agriculture un service signalé que de mettre à sa disposition des capitaux à un intérêt modéré. A cet égard, l'institution du Crédit foncier avait été une excellente idée ; mais, comme chacun le sait, elle n'a produit aucun résultat pour l'industrie rurale. Au lieu de favoriser les travaux d'amélioration dans les campagnes, elle a servi les

travaux d'embellissement des villes; au lieu de faire des
prêts à l'homme des champs, elle a fait des avances à
M. Haussmann. Il importerait qu'une nouvelle société fut
constituée sur d'autres bases; et la première condition
qui lui serait imposée devrait être, ce semble, de sub-
venir exclusivement aux emprunts agricoles. Je me borne
à l'indication de ce point qui ne concerne pas le droit
civil et n'a point sa place dans le Code rural.

On est amené, à propos du crédit agricole, à réclamer
la modification de l'article 592 du Code de procédure qui
déclare que les immeubles par destination ne sont pas
susceptibles d'être l'objet d'une saisie mobilière. Il ne
faut pas aller jusqu'à demander l'abrogation de cette disposition, non plus que celle des dispositions de l'article
524 du Code Napoléon, qui énumère les immeubles par
destination. Car on comprend fort bien que, dans l'intérêt
de l'agriculture et des cultivateurs saisis, la loi n'autorise
pas la saisie des objets qui font corps avec une exploitation et sans lesquels l'exploitation ne pourrait plus fonc-
tionner. Mais, grâce à l'absoluité de sa règle, la loi compromet, au lieu de le servir, l'intérêt que son vœu est de
protéger. Voici un cultivateur qui doit mille francs. Les
biens qui composent son exploitation valent cinquante
mille francs. Il possède dans sa ferme cinq ou six bœufs
et autant de vaches; et la saisie et l'adjudication de deux
ou trois de ces animaux suffiraient à payer sa dette, y
compris les frais de saisie et de vente. Pourquoi va-t-on
forcer le créancier à passer par les onéreuses formalités
et les longs incidents de la saisie immobilière, alors
qu'une petite saisie-exécution lui assurerait son paiement
et en même temps conserverait au cultivateur la propriété

de son corps d'exploitation ? Car, qu'on le remarque bien, c'est forcer le créancier à agir par voie de saisie immobilière et à exproprier entièrement son débiteur que de donner au saisi le droit de faire valoir dans tous les cas la nullité de la saisie des immeubles par destination. Donc, que la loi maintienne le principe de l'insaisisabilité de ces immeubles, puisque c'est un principe salutaire ; mais qu'en même temps elle accorde au juge le pouvoir de déclarer valable une pareille saisie, chaque fois qu'il estimera que l'exploitation n'en souffrira pas et que le saisi, loin d'en éprouver un préjudice, y gagnera d'échapper aux frais énormes de la saisie immobilière.

Les amis de l'agriculture ont plus d'une fois fait observer combien il est regrettable que les cultivateurs soient dans l'impuissance d'emprunter en donnant en gage leurs récoltes et, il faut l'ajouter, leurs troupeaux de bœufs, de vaches, de chèvres, etc. L'emprunt sur gage serait d'une extrême utilité pour eux, surtout lorsqu'il s'agit d'emprunter une somme relativement modique qui doit être remboursée dans un bref délai et que le prêteur est un banquier qui ne prête qu'à courte échéance. Il se peut qu'un cultivateur, qui ne se résoudra jamais à hypothéquer ses propriétés, consente volontiers à donner en gage une portion de ses récoltes ou quelques têtes de bétail. Que d'améliorations sont ainsi rendues impossibles, parce que les cultivateurs ne trouvent pas un crédit que leur assurerait la faculté d'user du nantissement mobilier ! En pratique en effet ils n'ont pas cette faculté, quoique la loi la leur reconnaisse en théorie. Ils ne l'ont pas, parce que l'article 2076 du Code Napoléon exige que le gage soit remis entre les mains du créancier ou en la possession d'un tiers convenu entre les parties. Or si la disposition de cette article se conçoit parfaitement et si son application est très-facile, quand il s'agit, comme cela arrive ordinairement, d'un gage consistant en objets précieux et de petite dimension, tels que des bijoux, de l'argenterie, une montre, on comprend qu'elle reste à l'état de lettre morte quand il s'agit de mille bottes de paille, ou de cent quintaux de foin, ou de cinquante hectolitres de grains. Le législateur ferait donc bien d'examiner si les règles du contrat de gage ne peuvent pas être mises en harmonie avec les exigences de l'agriculture. Est-il impossible d'autoriser les agriculteurs à donner leurs récoltes ou leurs bêtes en gage, tout en les gardant en leur possession, mais sous condition que le nantissement soit rendu public par une transcription sur des registres publics et sous celle aussi qu'il n'ait en pareil cas de valeur et d'efficacité que pour un laps de temps restreint et déterminé? Ne pourrait-on pas établir, soit dans les communes rurales importantes, soit aux chefs-lieux de canton, des magasins et des étables pour le dépôt des récoltes et des bestiaux livrés en gage, à l'imitation de ce qui a été fait dans l'intérêt du commerce pour les prêts sur dépôts de marchandises, par les décrets des 21 et 26 mars et 23 août 1848? Où serait l'obstacle? Mais qu'il y ait obstacle ou non, il importe de discuter, d'approfondir et de trancher cette question.

La disposition de l'article 2078 du Code Napoléon, prohibant « toute clause qui autoriserait le créancier à s'approprier le gage ou à en disposer » à défaut de paiement, est également contraire au crédit et doit être abrogée. Cette clause est utile, parce qu'elle engagera souvent les capitalistes à faire aux agriculteurs des avances qu'ils ne se soucient pas de leur faire, alors qu'ils se voient obligés de passer par les ennuis d'une procédure et d'une vente judiciaire. Et quand on objecte encore ici que le créancier ne doit pas s'approprier un objet dont la valeur dépasse le montant de sa créance et bénéficier ainsi de l'insolvabilité ou de la gêne du débiteur, il suffit de répondre que les parties sauront toujours veiller à leurs intérêts et que d'ailleurs, comme le fait observer M. Batbie, rien n'empêcherait l'emprunteur de vendre, au moment du prêt, à son créancier et à vil prix, l'objet livré en gage.

Je signalerai enfin, pour être complet sur ce qui a trait au crédit rural, un régime matrimonial organisé par le Code Napoléon et qui, par sa nature même, rend tout crédit impossible dans les pays et pour les cultivateurs qui en font usage. On devine que je veux parler du régime dotal. Tout le monde sait que ce régime met les cultivateurs qui l'ont adopté dans l'impuissance d'emprunter, parce que les biens de la femme sont inaliénables directement et indirectement et que les biens du mari sont grevés d'une hypothèque à laquelle la femme n'a pas le pouvoir de renoncer : de sorte que le crédit, qui peut être si utile à la restauration ou au progrès d'une exploitation, fuit inévitablement les familles agricoles où il ne trouve à s'appuyer sur aucun gage certain et solide. Un pareil état de choses doit être souvent désastreux. Moins absolu que certains auteurs, et quoique n'étant à aucun degré partisan du régime dotal, je n'en propose pas l'abolition, parce que je suis convaincu que le législateur hésiterait et reculerait devant les résistances de ceux qui y voient une institution d'ordre public. Mais heureusement sa suppression pure et simple n'est pas

nécessaire. De quoi s'agit-il ? De concilier les intérêts de
la femme, qui ne doit pas être exposée à perdre sa dot
par suite de sa légèreté et de son imprévoyance ou par
suite des dissipations et des spéculations aventureuses
de son mari, avec le crédit indispensable au ménage et à
l'exploitation rurale. Eh bien ! c'est facile. Il suffit de
continuer à poser en principe l'inaliénabilité des biens
dotaux et même l'incessibilité de l'hypothèque qui grève
les biens du mari ; mais en même temps on donnera au
tribunal le droit d'autoriser, sur les conclusions du mi-
nistère public, contradicteur naturel des époux, soit
l'aliénation des biens dotaux, soit la cession de l'hypothèque légale de la femme, chaque fois que la nécessité
ou bien l'utilité de cette cession ou de cette aliénation
paraîtront justifiées. Si quelques-uns trouvaient que le
contrôle du tribunal n'offre point une garantie suffisante
pour les intérêts de la dot, que le tribunal se borne à
examiner la demande des époux et à donner son avis et
que le droit d'autoriser l'aliénation ou la renonciation
à l'hypothèque soit octroyé à la cour impériale. Ce seraient
là, ce semble, des formalités suffisamment protectrices
de la dot ; il n'y aurait plus lieu de craindre que celle-ci
fut sacrifiée ou compromise avec légèreté.

L'article premier du projet, dont j'ai cité le texte,
soulève la question successorale et la question hypothécaire, ainsi que celles qui viennent d'être indiquées ; et,
si la discussion est complète au corps législatif, comme il
faut espérer qu'elle le sera, l'examen de ces questions
ne pourra pas ne pas être abordé. On ne me saura donc
pas mauvais gré d'en avoir dit quelques mots.

Maintenant, ces modifications diverses à introduire
dans la législation civile sont-elles à leur place dans le

Code rural? Oui, rien n'empêche de les placer dans le titre complémentaire du premier livre du projet, titre qui ne fait pas, à vrai dire, partie du Code rural, mais qui contient des dispositions qui dérogent au Code Napoléon et qui doivent être insérées dans ce dernier Code. C'est parce qu'elles sont présentées dans l'intérêt de l'agriculture que ces dispositions dérogatoires au droit actuel font l'objet d'un titre du projet. C'est dans l'intérêt de l'agriculture aussi qu'il convient surtout de se préoccuper des changements à apporter dans les lois sur les successions, les hypothèques, le crédit. On ne voit donc pas pourquoi ces changements ne seraient pas à leur place dans le titre complémentaire, aussi bien que ceux dont le projet de ce titre fait mention.

Fera-t-on une autre objection? Allèguera-t-on que l'importance des sujets et des questions exige une étude spéciale et demande une loi distincte. Ce serait une fin de non-recevoir que je ne goutterais pas. On a mis assez de temps à élaborer le Code rural pour qu'il soit permis de croire qu'aucun des grands problèmes qui intéressent l'agriculture n'a échappé à l'attention du conseil d'Etat. Si toutefois il en était autrement, on a encore du temps devant soi. La discussion de ce Code sera une excellente occasion pour que tout ce qui concerne les besoins ou les progrès agricoles soit enfin soumis à une solennelle délibération. Au lieu de risquer de faire une œuvre tronquée, il serait donc préférable, si cela était nécessaire, de retarder le jour de la discussion et du vote, afin d'y comprendre des matières qui, tôt ou tard, mais inévitablement, s'imposeront à l'examen du législateur.

Nous avons vu que le projet maintient la propriété

rurale dans la condition du droit commun. Les règles posées par le Code Napoléon relativement à l'acquisition, à l'exercice et à l'étendue du droit de propriété ; à la perte de la propriété par l'effet des conventions ou de la prescription ; aux restrictions qui limitent les droits des propriétaires dans un intérêt d'ordre public ou dans l'intérêt réciproque des héritages voisins ou contigus ; aux effets de l'accession, des servitudes ou de la possession ; aux contrats qui détachent la jouissance de la nue propriété, s'appliquent naturellement aux biens ruraux. Il faut en dire autant des lois étrangères au Code Napoléon : il est bien évident que les lois sur la transcription des actes translatifs du domaine ou des droits réels, sur les mines, sur l'expropriation pour cause d'utilité publique, sur la chasse, sur la pêche, etc., concernent la propriété rurale et la concernent même d'une façon spéciale.

Cependant le titre complémentaire du projet modifie ou complète avantageusement certains articles du Code Napoléon. C'est ainsi qu'il statue que tout propriétaire a la faculté de se soustraire à l'obligation d'entretenir le fossé mitoyen, la haie ou la palissade mitoyenne, en renonçant à la mitoyenneté; que le copropriétaire d'une haie mitoyenne peut la détruire jusqu'à la limite de sa propriété, à charge par lui de construire un mur sur cette limite ; que les arbres plantés sur la ligne séparative de deux héritages sont mitoyens, d'où il suit que chacun des copropriétaires a le droit d'exiger qu'il soient arrachés et que les fruits ou le bois en provenant se partagent par moitié. On approuvera surtout la disposition d'après laquelle le voisin dont l'héritage joint une haie ou un fossé mitoyens ne peut contraindre le propriétaire de ce fossé ou de cette haie à lui céder la mitoyenneté. La règle

contraire posée par l'article 661 du Code Napoléon,
relatif au mur mitoyen, est, en théorie, une violation du
droit de propriété, qui n'est pas suffisament justifiée ; en
pratique, elle n'est qu'une arme fournie à l'esprit de
chicane et de vexation.

Au lieu de distinguer entre les arbres à haute et à basse
tige, ce qui avait quelque chose de vague, pour fixer la
distance à maintenir entre les arbres d'un fonds et la
limite de la propriété voisine, le projet détermine exactement la hauteur des arbres et dispose que la distance
à observer est de deux mètres pour une hauteur supérieure à quatre mètres et d'un demi-mètre pour une
hauteur supérieure à deux mètres, nul arbre d'ailleurs
ne pouvant être planté qu'à la distance de trente centimètres du fonds contigu ; il ajoute raisonnablement que,
en cas de contravention à ces prescriptions, le voisin
n'aura pas le droit de faire arracher les arbres, mais
seulement d'exiger qu'ils soient ramenés à la hauteur
légale, à moins que la distance même des trente centimètres n'ait pas été observée. Ces règles, ainsi que celle
qui accorde au propriétaire la faculté de couper les racines des arbres du voisin, qui poussent dans son fonds,
sont de beaucoup préférables à la règle du droit romain
qui attribuait à chacun des voisins la propriété indivise
et commune de l'arbre situé sur un seul des héritages,
mais si près de la limite de l'autre qu'il puise également
sa nourriture dans les deux fonds.

Mais je n'approuve pas le droit que le projet confère
au fermier de couper les branches des arbres du voisin,
qui pendent sur le fonds loué. En Alsace où la propriété
est divisée en une infinité de petites parcelles, une sage
et réciproque tolérance laisse subsister les arbres tels

qu'ils sont, nonobstant le droit de chacun des propriétaires de couper les branches avançant sur son terrain.
D'autre part, les baux, chez nous, sont généralement
fort courts. Comment admettre qu'un fermier qui loue
pour six ans, pour trois ans, quelquefois pour un an
seulement, ait le droit, dans le seul intérêt de sa jouissance momentanée, de couper les branches que le propriétaire respectait par des considérations de bon voisinage
et peut-être par des raisons de convenance personnelle ?
Je vois, dans ce droit concédé à un fermier que sa possession et sa jouissance éphémères n'invitent à aucun
ménagement, une source de vexations pour les voisins
et de trouble pour le bailleur lui-même qui en sentira
le contre coup. Il y a d'autant plus lieu de ne pas le lui
accorder que ce droit ne découle nullement de la nature
du contrat de louage. Le fermier ne saurait se plaindre ;
il a reçu les fonds couverts par ces branches, avec la
certitude qu'elles les couvriraient de plus en plus ; il les
a acceptés dans cet état ; il n'y doit donc rien changer.
Si les branches le gênent, c'est à lui d'insérer dans son
bail une stipulation à cet égard. Du reste, ces observations
ne s'appliquent qu'au bail à ferme ordinaire ; elles sont
étrangères au bail emphytéotique. L'emphytéote aurait
assurément le droit de couper les branches, puisqu'il
exerce les droits réels du propriétaire ; mais son droit
est tellement certain qu'il est inutile que la loi en fasse
une mention particulière.

Le projet attribue au propriétaire du fonds sur lequel
ils tombent les fruits qui se détachent naturellement de
ces branches. C'est là une règle, qui, dans un pays où
les propriétés sont morcelées et abondent en arbres fruit
tiers, ne laisse pas que d'être assez délicate. Néanmoins

acceptons-la, parce qu'en définitive il est équitable que le propriétaire ait la faculté de s'emparer de ce qu'il trouve sur son fonds et surtout parce que le droit de prendre ces fruits est une compensation légitime du dommage que peuvent lui causer les branches et de sa bienveillance qui les tolère. Seulement la disposition du projet me parait mal conçue. Si, comme il le dit, les fruits qui tombent naturellement des branches pendant sur le fonds voisin appartiennent au propriétaire de ce fonds, il s'en suit que le propriétaire de l'arbre, qui les ramasserait et s'en emparerait, commettrait un vol et dans tous les cas serait sujet à une action civile en restitution. Or telle n'a certainement pas été la pensée du conseil d'Etat, car cette pensée aurait des effets déplorables en pratique. La règle doit être que les fruits tombés naturellement appartiennent au propriétaire, soit du fonds, soit de l'arbre, qui les aura ramassés le premier. Entre eux, c'est le fait de la perception qui doit fixer la propriété des fruits. A ces mots du projet : « Les fruits tombés naturellement de ces branches sur la propriété du voisin lui appartiennent, » il faut ajouter ceux-ci : « s'il les fait siens par la perception. »

En outre, cette disposition me semble contradictoire avec celle qui statue que les fruits d'un arbre mitoyen, même tombés naturellement, se partagent par moitié entre les deux propriétaires de l'arbre. Il convient de modifier cette dernière règle pour la mettre en harmonie avec la règle générale qui attribue au propriétaire du fonds les fruits qui y tombent naturellement. Si ces fruits lui appartiennent, alors que l'arbre ne lui appartient pas, ils doivent, par une raison majeure, devenir sa propriété, lorsqu'il a lui-même un droit de propriété sur l'arbre. Si ce n'est pas pour une raison majeure , c'est à coup sûr par une raison égale.

Il résulte de ce qui précède que les autres fruits d'un arbre non mitoyen , c'est-à-dire les fruits qui restent pendants à l'arbre , mais sur le fonds voisin , continuent d'appartenir au propriétaire de l'arbre , ainsi que le veut le principe de l'accession ; mais ici se présente l'occasion de résoudre une question encore incertaine en jurisprudence , celle de savoir si le propriétaire de l'arbre a le droit de pénétrer dans le fonds voisin pour cueillir ces fruits. Il faut , sans aucun doute, la résoudre affirmativement.

Deux innovations utiles et équitables du projet consistent en ce que le passage pour cause d'enclave , lorsque celle-ci est la conséquence d'une vente , d'un échange, d'un partage ou de tout autre contrat, ne pourra plus être demandé que sur le terrain de ceux qui ont souscrit ces actes ; et en ce que le vendeur des engrais aura sur le prix de la récolte un privilége qui, s'il s'exerce contre un fermier, sera préférable au privilège du propriétaire.

Par contre , le projet contient quelques dispositions qui sont superflues , comme celle qui déclare que l'assiette et le mode de la servitude de passage pour cause d'enclave sont fixés par l'usage trentenaire. Quoique cette servitude puisse n'être pas continue et apparente , c'était un point qui n'était plus douteux depuis longtemps, ni pour les auteurs ni pour les tribunaux. Il faut en dire autant de la disposition qui, en cas de prescription du droit d'avoir des arbres en deçà de la distance légale, défend néanmoins de les remplacer, lorsqu'ils viennent à périr ou à être arrachés ; cette règle, en effet, contestée dans

les premières années de la promulgation du Code civil,
est enseignée par tous les jurisconsultes contemporains
les plus accrédités. Enfin, il en est de même de celle
qui décide que le droit du propriétaire de couper les racines du fonds voisin, qui poussent dans son propre
fonds, est imprescriptible. Mais c'est au contraire avec
raison que le projet mentionne l'imprescriptibilité du
droit appartenant à tout propriétaire de faire couper les
branches avançant sur son fonds, car cette imprescriptibilité pouvait jusqu'à présent paraître problématique.

Telles sont les différentes modifications que le titre
complémentaire apporte au régime de la propriété. Con-
tiennent-elles toutes les améliorations que le Code Napoléon est susceptible de recevoir en cette matière ? Je ne
le pense pas ; je crois qu'on peut en signaler quelques
autres.

On a vu qu'un propriétaire, qui veut planter des arbres
sur son terrain, est obligé de se tenir à une certaine distance du fonds voisin, afin que les arbres ne causent aucun
cun dommage à ce fonds, soit par l'ombre projetée par
les branches, soit par les racines qui y puisent leur nourriture. Mais le Code civil est muet sur la distance que
doit observer un propriétaire qui veut creuser un fossé
dans son champ ou dans son pré. Une certaine distance
est cependant nécessaire pour éviter les éboulements du
fonds contigu. Il est vrai que le titre complémentaire du
Code rural, s'occupant du fossé destiné à servir de clôture, dispose que ce fossé doit être distant de vingt-cinq
centimètres de la ligne séparative des deux héritages.
Mais cette distance de vingt-cinq centimètres est corré-
lative à la profondeur du fossé de clôture que le projet

suppose être de cinquante centimètres. Il y aura lieu
sans doute d'appliquer par analogie à tous les fossés cette
règle relative à la distance, mais à une condition, c'est
que la profondeur des fossés soit d'un demi-mètre. Si
cette profondeur était plus grande, les vingt-cinq centimètres de distance deviendraient insuffisants pour garantir
le fonds adjacent de tout dommage, comme aussi elle serait trop forte si le le fossé ou la rigole n'avait, par
exemple, que quinze centimètres de profondeur. Aussi
rien ne prouve que le projet, qui ne s'occupe, je le répète, que des fossés de clôture dont la profondeur est
censée être d'un demi-mètre, ait entendu imposer cette
distance uniforme à tous les fossés sans exception, indépendamment de leur profondeur. On retombe ainsi sous
l'empire de la règle de l'équité et du droit commun, en
vertu de laquelle la doctrine décide simplement qu'un
fossé quelconque ne peut être creusé qu'à une distance
du fonds contigu telle que ce fonds n'en éprouve pas de
dommage. Mais une énonciation aussi vague ouvre la
porte à l'arbitraire, source des conflits; et il serait certainement préférable que la loi déterminât elle-même
d'une manière précise les distances à observer, en les
fixant d'après les diverses profondeurs des fossés. Je ne
voudrais pas d'ailleurs qu'elle s'en référât à cet égard
aux usages locaux, d'abord parce que ces usages peuvent
ne pas exister et ensuite parce que la distance doit être
strictement limitée à la protection qu'il convient d'accorder aux fonds voisins, et qu'ainsi elle doit être la
même partout, la nature diverse et plus ou moins mobile
des terrains ne pouvant ici donner lieu à des différences
suffisantes pour être prises en considération.

Le Code Napoléon établit certaines présomptions de

propriété. Il décide, par exemple, que le fossé est censé appartenir exclusivement au propriétaire du fonds du côté duquel se trouve le rejet de la terre. Dans les pays accidentés, les héritages divers ont souvent pour limites les talus qui séparent les fonds plus élevés des fonds inférieurs. A qui appartient, en l'absence de titres, la propriété des talus? L'usage — si je suis bien renseigné — l'attribue au propriétaire du fonds supérieur, que la pente du talus soit abrupte ou qu'elle soit au contraire presque insensible. Cet usage est rationnel ; mais il serait utile de le convertir en règle législative, qui, bien entendu, ne trancherait la présomption de propriété en faveur du maître du fonds le plus élevé qu'en l'absence de titres ou de possession contraires.

Les talus et une partie assez considérable des terres, des fonds plus élevés peuvent s'ébouler sur les fonds inférieurs, par l'effet des pluies ou de toute autre cause. C'est là un phénomène assez semblable à celui de l'avulsion, qui est prévu par l'article 559 du Code civil. Mais il ne semble pas que l'on puisse lui appliquer par analogie les dispositions de cet article ; car, comme il prononce une déchéance contre le propriétaire qui ne réclame pas son terrain enlevé pas les eaux dans le délai déterminé, il doit par cela même être restreint au cas qu'il prévoit. Cependant l'équité exige que le propriétaire dont le terrain s'est éboulé puisse le réclamer, s'il est suffisamment considérable. Mais dans quel délai? Sera-ce, selon la règle des Institutes en matière d'avulsion, jusqu'à ce que les terres éboulées se soient incorporées au fonds inférieur? J'aime mieux le délai préfixe d'un an établi par l'article 559, parce qu'il coupe court à toute espèce de contestation sur la question plus ou moins difficile de savoir si l'incorporation a ou n'a pas eu lieu. Dans tous les cas, c'est un point que doit régler le législateur.

Il y a plus : par l'effet des pluies et par l'action lente du temps, les talus peuvent s'avancer peu à peu et empiéter successivement sur les fonds inférieurs. C'est alors un cas qui a une certaine analogie avec l'alluvion, sauf cette différence pourtant que l'alluvion se forme au détriment de fonds inconnus et que les héritages auxquels elle profite sont susceptibles d'être amoindris par des alluvions se formant à leur préjudice sur des fonds inférieurs ou opposés ; tandis que, lorsque le talus s'avance, ce sont des fonds supérieurs parfaitement déterminés qui empiètent sur les fonds inférieurs, sans que la réciproque puisse être vraie. Or, comme le propriétaire du fonds supérieur est, ainsi que je l'ai dit, réputé propriétaire du talus, il s'en suit qu'il usurpe successivement une partie de l'héritage inférieur. C'est donc encore là un point qui paraît devoir être réglé par le législateur, dans les cas où il n'y a pas de titres établissant les contenances respectives des fonds, comme aussi dans celui où les bornes de délimitation auraient glissé avec le terrain lui-même. Néanmoins je n'insiste pas à ce sujet, parce que je ne suis pas à même de dire s'il y a là une question de pratique suffisamment importante.

Le titre complémentaire du projet fournissait au législateur l'occasion de trancher la question si controversée et si incertaine de savoir à qui appartient le lit des rivières non navigables, ni flottables. Mais il est à croire que le conseil d'Etat l'a réservée et qu'elle recevra sa solution dans le livre qui sera consacré au régime des eaux. Je me borne donc à la signaler, en émettant le vœu qu'elle soit résolue en faveur des riverains, contrairement à la tendance la plus prononcée de la doctrine contemporaine.

C'est aussi parce que je présume que le second livre du Code rural s'en occupera que je passe sous silence certaines dispositions complémentaires qu'il conviendrait d'ajouter, dans le Code Napoléon, au titre de la propriété, relativement aux eaux courantes et à l'alluvion.

L'intérêt rural ne doit s'accommoder que difficilement de l'article 682 qu'il y a lieu, à mon avis, de modifier légèrement. Cet article donne au propriétaire d'un fonds enclavé le droit de passage sur les fonds voisins, à charge d'une indemnité. Or, dans les pays où, comme le nôtre, la propriété est très-morcelée, l'enclave n'est plus une chose exceptionnelle, mais est devenue la condition d'un grand nombre de champs ou de prés. Cependant je ne sache pas que les propriétaires des fonds traversés réclament d'ordinaire l'indemnité que la loi leur alloue. Cette indemnité, si elle était réclamée, atteindrait dans leur valeur les immeubles enclavés, que le fait même de l'enclave déprécie déjà. Elle serait même jusqu'à un certain point injuste, parce que l'origine de presque toutes les enclaves, sinon de toutes, remonte certainement aux partages de famille, et que ces partages, en attribuant son lot à chacun des héritiers, ont dû implicitement donner le droit de passage à ceux qui recevaient des fonds nouvellement enclavés. Elle serait peu juste aussi, parce que le passage ne s'exerce presque toujours, sinon toujours, sur les fonds voisins qu'à un moment où on ne cause aucun dommage aux récoltes. Que demande donc l'équité, comme aussi l'intérêt agricole? ils demandent que chacun puisse arriver à son fonds, sans avoir d'indemnité à payer et que le droit à l'indemnité

ne prenne naissance pour les propriétaires des fonds
traversés que si un dommage leur a effectivement été
causé et seulement dans la mesure actuelle du dommage. En un mot, le droit pur et simple de passage
doit être la règle; l'obligation de payer une indemnité
ne doit être qu'une circonstance accidentelle, selon
le principe du droit commun qui oblige celui qui
cause un dommage à autrui à le réparer. Il est bien
entendu que je ne critique la disposition du Code Napoléon qu'en tant qu'il s'agit de terres arables ou de prairies
non closes et situées en pleine campagne, et que cette
disposition doit être maintenue au contraire à l'égard,
par exemple, des corps de biens attenant à une habitation,
des vergers, des fonds enclavés dans un seul et unique
domaine, où le droit de passage, à raison du désagrément qu'il cause, est censé constituer un dommage
permanent.

On pourrait aussi reviser utilement l'article 555 du
Code Napoléon.

D'après cet article, lorsque des plantations ou des
ouvrages ont été faits par un tiers sur le fonds d'autrui,
le propriétaire de ce fonds a le droit, si le tiers est de
mauvaise foi, d'en demander la suppression ou de rembourser le prix de la main-d'œuvre et la valeur des plantations ou matériaux, mais sans pouvoir offrir le prix de
la plus-value acquise par le fonds; et, si le tiers est de
bonne foi, de payer soit le prix des plantations et de la
main-d'œuvre, soit une somme égale à la plus-value,
mais sans pouvoir demander la suppression des plantations ou des ouvrages.

Le tribun Grenier disait à cette occasion au Corps
législatif: « c'est aux jurisconsultes à apprécier cette

disposition législative ; ils savent que ces différents cas
n'étaient décidés par aucune loi positive et qu'après avoir
donné lieu à beaucoup de contestations, ils étaient entièrement soumis à l'arbitraire des tribunaux. »

Je dirai donc que les règles posées par le Code Napoléon valent beaucoup mieux que celles du droit romain, qui leur ont servi de point de départ. En droit
romain, en effet, le propriétaire ne pouvait revendiquer
son fonds qu'à charge de payer au possesseur le prix de
la main-d'œuvre et des plantations ; il ne pouvait pas se
borner à lui offrir une somme représentant la mieux
value. Ceci ne s'appliquait d'ailleurs qu'au possesseur de
bonne foi. Il n'était absolument rien dû au possesseur de
mauvaise foi que les textes qualifient énergiquement de
voleur.

Néanmoins on remarquera que l'article 555 établit
une différence qui paraît assez singulière entre le cas où
le possesseur est de bonne foi et celui où il est de mauvaise foi. Dans le premier cas, il autorise le propriétaire
à rembourser à son choix soit le prix de la main-d'œuvre
et des plantations, soit la mieux value. Dans le second,
le propriétaire, qui veut conserver les plantations, est
tenu de rembourser leur valeur et celle de la main-
d'œuvre, sans pouvoir offrir la mieux value. Le tribun
Faure a cherché à justifier devant le tribunat cette différence en disant que si le propriétaire n'est pas astreint,
lorsque le possesseur est de bonne foi, à payer la valeur
des plantations et le prix de la main-d'œuvre et peut se
contenter d'offrir, s'il y trouve avantage, une somme
équivalente à la mieux value, c'est parce que la loi ne lui
permet pas de détruire, aux frais du possesseur, les
plantations et les ouvrages ; tandis que, comme il est

7

libre d'en exiger la suppression dans le cas de mauvaise
foi du possesseur, il est juste qu'il paye les frais des
améliorations que son intérêt lui conseille de conserver
et qu'il conserve en effet. Mais cette raison me parait peu
satisfaisante. A mon sens, il reste vrai que la distinction
faite par le Code Napoléon est défavorable au propriétaire
qui a affaire à un planteur de mauvaise foi , alors que
ce propriétaire mérite incontestablement plus d'égards
que celui qui est en présence d'un possesseur de bonne
foi. Qu'importe que la suppression des plantations et des
travaux puisse être exigée dans un cas, non dans l'autre ?
Il n'en reste pas moins ceci : c'est que celui qui les conserve pour une cause quelconque doit nécessairement
payer la totalité des impenses, s'il revendique son fonds
contre un possesseur de mauvaise foi, tandis qu'il peut
se contenter d'offrir une somme moins forte au possesseur de bonne foi qui est obligé de s'en contenter. Je
n'ignore pas que, parmi les auteurs, on prétend que
cette bizarerie de la loi n'est qu'apparente, parce que,
dit-on, le propriétaire qui ne voudra pas rembourser au
possesseur de mauvaise foi la totalité des impenses,
menacera celui-ci de faire enlever à ses frais les ouvrages
et les plantations, de sorte qu'il le contraindra à se tenir
pour satisfait de l'offre quelconque qui lui sera faite :
donc, conclue-t-on, le propriétaire a un moyen indirect
de n'offrir au possesseur de mauvaise foi qu'une somme
égale à la mieux value ; d'où il suit que ce dernier n'est
pas traité plus favorablement que le possesseur de bonne
foi. Les choses peuvent effectivement se passer ainsi ;
mais elles peuvent aussi se passer d'une manière
toute différente. Il est possible que le possesseur
de mauvaise foi ait intérêt à reprendre les objets qu'il

a plantés plutôt qu'à se résigner à ne recevoir que la
somme représentant la mieux value; il se peut aussi qu'il
n'y ait pas lieu d'ajuger des dommages-intérêts au propriétaire ou du moins que ces dommages-intérêts soient
loin d'équivaloir pour le possesseur à la perte qui serait
la suite du simple paiement de la somme représentant la
mieux value. Dans cette occurrence, ce n'est pas la menace du propriétaire qui intimidera le planteur. Je suppose qu'un tiers ait sciemment usurpé mon champ qu'il
détient et cultive depuis cinq ans. Au moment où je
m'aperçois de l'usurpation, il vient de planter sur ce
champ, qu'il veut convertir en verger, un très-grand
nombre d'arbres fruitiers qui peuvent en être encore
facilement détachés et qui valent six cents francs. Les
frais de la transformation du champ, de la main-d'œuvre,
sont de cent francs. Ce sont donc sept cents francs d'impenses faites par le planteur. Mais comme les arbres ne
seront en plein rapport que dans huit, dix ou douze ans,
la plus value de mon champ est à peu près nulle ; elle
est de cent francs, si l'on veut. Je pourrais, il est vrai,
traiter mon détenteur comme un possesseur de bonne
foi, et ne lui offrir en conséquence que ces cent francs,
parce que nul n'est admis à se prévaloir de sa mauvaise
foi ; mais je me garderai bien d'agir ainsi, car je ne
pourrais plus lui réclamer les fruits qu'il a perçus sur
mon champ depuis cinq ans, le possesseur de bonne foi
n'étant pas tenu de les rendre. Maintenant que je menace
mon planteur de supprimer à ses frais les plantations,
s'il ne veut pas se contenter des cent francs que je lui
offre, il est clair qu'il sera le premier à se réjouir de
l'exécution de cette menace, puisqu'elle aura pour résultat de lui restituer ses arbres qui valent six fois plus.

On voit par là que la loi est défectueuse , que c'est en vain qu'on veut la justifier et qu'il demeure constant que le possesseur de bonne foi peut se trouver placé dans une position plus dure que celui dont la possession est entachée de dol , puisque, dans l'exemple que je viens de donner, il serait obligé d'accepter les cent francs et perdrait par conséquent les six cents francs représentant la valeur des arbres conservés par le propriétaire ; qu'en un mot il y aurait pour lui une perte de six cents francs qu'il n'aurait pas éprouvée s'il avait été de mauvaise foi. J'ajoute qu'il n'est pas bon que la loi paraisse ainsi mettre elle-même le possesseur à la merci du propriétaire, parce que, provoquant leur entêtement réciproque dans le conflit qui s'élève entre eux, elle donne naissance à des animosités, à des irritations qui décident le propriétaire à faire supprimer les plantations moins à cause de son intérêt que par esprit de vengeance. De plus, la loi doit faire, autant que posssible, en sorte que le propriétaire ne soit lésé en aucune façon et partant lui donner tous les moyens d'obtenir satisfaction, sans demander la suppression des plantations ou des ouvrages ; car, si cette suppression se fait sans préjudice pour ses intérêts particuliers, il sera presque toujours de l'intérêt général de l'agriculture qu'elle n'ait pas lieu.

Ce n'est pas tout : les ouvrages, les travaux, les améliorations faits sur le fonds d'autrui peuvent être tels qu'ils ne sont pas susceptibles d'être supprimés. Ils consistent en un défrichement, en un dessèchement de terrains. Quel sera dans cette circonstance le droit du propriétaire? Si le possesseur est de bonne foi, point de doute ; le propriétaire lui offrira à son choix le remboursement des impenses ou le montant de la mieux value ;

mais si le possesseur est de mauvaise foi, sera-t-il obligé de lui payer ses impenses, sans pouvoir lui offrir une somme moindre, représentative de la mieux value ? Ce serait assurément étrange. Ou bien décidera-t-on que la disposition de l'article 555 relative à la possession de mauvaise foi, ne s'applique pas ici par cela même que le propriétaire ne jouit pas de l'alternative prévue par cette disposition ? Soit ! mais alors, on assimile le droit du propriétaire qui a affaire à un possesseur de mauvaise foi au droit de celui qui a devant lui un possesseur de bonne foi. On fait précisément ce que je désire. Seulement je demande que ce soit la loi qui le fasse, et qui le fasse avec clarté, de manière à dissiper tous les doutes.

Je crois donc avoir démontré qu'il y a nécessité ou au moins utilité très-grande à reviser l'article 555 et à donner au propriétaire le droit d'offrir, à son choix et dans tous les cas, soit le remboursement des impenses du possesseur, soit une indemnité équivalente à la plus value qui est résultée de ces impenses. C'est d'autant plus le cas de retoucher cet article que sa rédaction est embrouillée et qu'il semble dire notamment que le possesseur ne peut invoquer sa bonne foi, qu'autant qu'il y a eu contre lui jugement d'éviction et que ce jugement ne l'a pas condamné à la restitution des fruits : de telle sorte qu'il en serait différemment, si le délaissement de l'immeuble indûment possédé avait été volontaire ou si le jugement n'avait pas prononcé la restitution des fruits, faute par le demandeur en revendication d'avoir demandé cette restitution. C'est ainsi en effet que le tribun Faure comprenait l'article 555 ; mais c'est avec

raison que la doctrine et la jurisprudence l'ont inter-
prété d'une manière plus large.

Il y a lieu, à mon avis, de reviser cet article sous un
autre rapport encore. Il ne prévoit que la bonne ou la
mauvaise foi du possesseur. Cependant, tandis que le
possesseur est de mauvaise foi, le propriétaire peut l'être
aussi ; et d'un autre côté celui-ci peut être de mauvaise
foi, tandis que le possesseur est de bonne foi. Or le propriétaire de bonne foi doit-il être traité absolument
comme le propriétaire de mauvaise foi? Cela ne serait
certainement pas juste. Quand un tiers a usurpé un
champ au su du propriétaire qui le laisse planter, il n'est
pas admissible que celui-ci soit reçu à demander après
coup la suppression des plantations ; il doit être tenu de
les respecter, par cela seul qu'il en avait connaissance.
Quand le possesseur est de bonne foi, et que le propriétaire au contraire est de mauvaise foi et le laisse entreprendre des travaux pour pouvoir ultérieurement agir
contre lui, il serait inique que celui-ci eût le choix
d'offrir le montant de la mieux value ou celle des impenses ; il doit être obligé de rembourser au possesseur
toutes les dépenses qu'il a faites, ni plus, ni moins.
J'insiste sur ces points : il est indispensable que la loi
les règle ; car, d'une part, il n'est pas certain qu'on
puisse les soustraire à l'empire des dispositions générales
de l'article 555, et d'autre part ni le principe consigné
dans l'article 1382 du Code Napoléon et obligeant toute
personne à la réparation du dommage qu'elle a causé,
ni les règles du mandat ou de la gestion d'affaires ne
sont suffisants ni même applicables ici.

Ceci conduit à se demander si une modification semblable, dictée par le même esprit d'équité, ne devrait pas

et calculée du propriétaire : toujours est il que, dans la
plupart des cas, il ne sera pas juridiquement possible
être introduite dans l'article 549 qui dispose que le possesseur de mauvaise foi est tenu de rendre au propriétaire
tous les fruits qu'il a perçus. Rien de plus juste que cette
disposition, quand le propriétaire est de bonne foi : mais
l'est-elle encore quand il est de mauvaise foi ? Supposons
un propriétaire qui s'est aperçu de l'usurpation de l'un de
ses fonds par un tiers, peu de temps après l'usurpation,
et qui attend quinze ans, dix-huit ans, pour revendiquer
son bien, afin de ruiner le propriétaire obligé de restituer
tous les fruits perçus pendant ces dix-huit ans ou ces
quinze ans. La ruine du possesseur, en pareille circonstance, ne blesserait-elle pas le sentiment de la justice,
car si le détenteur est coupable, le propriétaire ne l'est-il
pas aussi ? Déboutera-t-on ce dernier d'une partie de sa
demande en restitution des fruits, sous prétexte que le
long silence qu'il a gardé pour consommer la ruine du
possesseur est un acte de méchanceté qui rend applicable
contre lui le principe qui sert de base à l'article 1382 ?
Il est bien douteux que cette application puisse être re-
quise contre lui dans quelque cas que ce soit, car on n'est
jamais censé causer un dommage illicite à autrui, quand
on ne fait qu'user de son droit ; or c'est le droit du propriétaire de n'introduire sa demande en revendication et
en restitution que lorsqu'il le juge à propos. Mais admet-
tons que, dans telle circonstance donnée, l'action tardive
du propriétaire paraisse au juge empreinte d'un caractère
tellement odieux, qu'elle lui semble tellement assimilable
à un délit, qu'il refuse de condamner le possesseur à
l'entière restitution des fruits et l'autorise à en garder une
partie, pour le préjudice que lui cause l'inaction coupable

de qualifier le silence et l'inaction de ce dernier d'acte
dolosif, de négligence délictueuse. Cependant est-il juste
que celui-ci, qui voit un tiers détenir sa propriété, qui laisse
ce tiers posséder, sachant d'ailleurs que la conséquence
de cette indue possession sera la restitution intégrale des
fruits et la ruine du possesseur, qui est lui-même ainsi,
on peut le dire, de mauvaise foi, soit placé sur la même
ligne que le propriétaire qui ignorait l'usurpation com-
mise à son préjudice? Pour mon compte, je ne le crois
pas : et je regarde comme une injustice cette ruine du
possesseur au profit du propriétaire qui la prépare et qui
de plus s'enrichit véritablement aux dépens d'autrui, car
presque toujours, s'il avait perçu les fruits, il les eût
consommés lui-même, au moins en grande partie, en vi-
vant plus largement. Je ne dirai certes pas, de peur de
compromettre une bonne thèse par un mauvais argument,
qne le propriétaire qui ne réclame pas ses fruits dans un
temps déterminé est censé les abandonner au possesseur.
Je préfère remarquer qu'une loi convenablement faite doit
prendre en considération aussi bien la faveur que mérite
le propriétaire que celle que mérite le possesseur, soit
qu'on envisage chacun d'eux isolément, soit qu'on les
compare l'un à l'autre. Or il peut arriver que, non seulement le propriétaire ne mérite, comme je viens de le
faire voir, aucune indulgence, mais que tout milite au
contraire en faveur du possesseur. Légalement en effet,
il y a mauvaise foi de la part de ce dernier, dès que le
titre en vertu duquel il possède est infecté d'un vice quelconque dont il n'ignore pas l'existence. En conséquence,
la doctrine et la jurisprudence décident qu'un tiers qui a
acheté d'un mineur ou d'une femme mariée un immeuble
qu'il croyait leur appartenir, mais qui ne leur appartenait

pas, comptant d'ailleurs que le mineur ratifierait la vente à sa majorité ou que la femme rapporterait l'autorisation de son mari , est de mauvaise foi dans le sens de la loi ; qu'il y a de même mauvaise foi légale du possesseur qui croit posséder de bonne foi en vertu d'un titre qui n'a jamais existé ou qui était absolument prohibé par la loi. Dans ces circonstances et dans vingt autres pareilles que je pourrais énumérer, si cela n'était superflu, je demande encore , lequel du propriétaire ou du possesseur mérite la protection de la loi : du propriétaire coupable ou négligent qui laisse s'accumuler d'année en année les fruits qu'il a la faculté de réclamer , qui n'avertit même pas le possesseur du vice de son titre, ou bien du possesseur qui s'endort sur la foi d'un titre à l'existence duquel il est inexcusable peut être de croire, mais enfin à laquelle il croit , ou qui possède en vertu d'un titre simplement annulable par suite de la qualité de la personne dont il émane , mais qui ne met nullement en suspicion son entière bonne foi vis-à-vis du véritable propriétaire de l'immeuble. Je demande si la mauvaise foi purement légale du possesseur doit être assimilée à sa mauvaise foi réelle ; si cette mauvaise foi n'est pas incomparablement moins digne de rigueur que la conduite déloyale du propriétaire ; s'il est juste dès lors d'accorder à celui-ci une action qui ruinerait le possesseur. Ajoutons qu'il est de l'intérêt social que ces ruines particulières soient évitées. C'est ce que le législateur a parfaitement compris en édictant la disposition de l'article 2277 , qui ne permet pas de répéter les fruits qui sont échus depuis plus de cinq ans , lorsqu'ils sont dus en vertu d'une convention. Il a pensé avec justesse qu'il ne devait pas permettre au créancier de les laisser s'accumuler indéfinement et de causer

8

la ruine du débiteur. Je ne trouve aucune bonne raison
pour ne pas étendre la disposition de cet article au possesseur comptable des fruits, dans le cas du moins où le
propriétaire peut, comme le peut le créancier, reclamer
dans le délai déterminé les fruits qui lui sont dus, c'est-
à-dire, dans le cas où il a connaissance du droit qui lui
compète. Que si l'on ne voulait pas accueillir le désir que
j'exprime, je demanderais au moins que le propriétaire
que j'appelle de mauvaise foi ne put se faire restituer que
la moitié des fruits auxquels il pourrait prétendre, s'il
était de bonne foi. Cette mesure serait sage, en ce qu'elle
amoindrirait le désastre du possesseur, désastre dont la
cause première est son usurpation, mais dont la cause
seconde est l'inaction volontaire du propriétaire; elle serait bienfaisante, en ce qu'elle engagerait celui-ci à intenter immédiatement l'action en révendication.

Il suit des réflexions qui précèdent que le propriétaire
ne doit pas avoir le droit de se faire restituer la totalité des
fruits, lorsque la mauvaise foi du possesseur n'existe pas au
regard du propriétaire même, comme dans l'exemple que
j'ai cité de la vente faite par un mineur ou par une femme
mariée. En pareil cas, lors même que le propriétaire
ignorait l'indue possession de son immeuble, le possesseur
est de bonne foi vis-à-vis de lui, et par conséquent il
n'est ni rationnel ni équitable de l'assimiler entièrement
à un possesseur de mauvaise foi.

J'aurais terminé mes observations sur l'article premier
du projet du Code rural et sur le titre complémentaire
qui se rattache à cet article, — car ces observations sont
les seules, que j'aie à faire au point de vue du droit civil
— s'il n'était nécessaire d'appeler encore l'attention sur
deux points importants pour l'agriculture. Si ce que je

veux en dire se rapporte à la législation fiscale, cela concerne aussi et intéresse directement la propriété, de sorte
qu'en réalité je ne sors pas de mon sujet.

Lorsque la propriété est morcelée et divisée en une
infinité de petites parcelles, un des contrats qui serait
le plus utile aux cultivateurs est le contrat d'échange. Ce
contrat leur donnerait le moyen d'agglomérer leurs terres
sur un ou plusieurs points et ferait cesser les inconvénients très-grands qui résultent pour eux d'avoir ici et
là, dans vingt ou trente endroits différents d'une banlieue
ou de plusieurs banlieues, des parcelles imperceptibles
de champs ou de prés. Cependant ce contrat, là même
où il serait le plus nécessaire, n'est pas en usage. D'où
cela vient-il ? pas des dispositions de la loi civile relative à l'échange, dispositions qui échappent à toute
critique. Cela vient en partie — je n'en doute pas un
seul instant — de ces habitudes d'isolement égoïste,
que je signalais précédemment et qui sont le produit de
notre régime politique et administratif. Cela vient aussi
— et c'est la cause que j'ai entendu signaler par des
agriculteurs même — du droit de mutation perçu à
l'occasion des échanges. Ce droit est un droit proportionnel qui depuis 1834 est fixé uniformément à 2,50
pour 100. Les cultivateurs demandent que les contrats
d'échange soient enregistrés gratuitement ou tout au plus
moyennant le droit fixe d'un franc, quelle que soit la
situation ou la valeur des parcelles, quel que soit aussi
le nombre des parcelles qui seraient respectivement
échangées dans un seul et même acte instrumentaire.

Le cadastre, qui fixe l'assiette de la propriété au point
de vue de la répartition de l'impôt foncier, provoque
depuis longtemps et de toutes parts de vives et légitimes

réclamations. Les inexactitudes sans nombre qu'il contient, non-seulement en ce qui concerne la contenance
des parcelles, mais encore relativement à la classification
des terres sous le rapport de leur valeur, produisent,
dans la perception de l'impôt, une foule d'injustices au
profit des uns, au détriment des autres. En outre, les
indications cadastrales ne sont pas toujours sans influence
sur la solution des procès civils qui intéressent les limites
des propriétés. C'est un motif de plus pour refaire le
cadastre. Comme c'est là une opération immense et qui
exige à la fois du temps et de l'argent, il faudrait inciter
les communes riches ou aisées à l'entreprendre dès à
présent et à leurs frais, sauf à venir plus tard et successivement en aide aux communes pauvres.

Si ce sont des lois spéciales qui doivent statuer sur la
révision du cadastre et la réduction du droit de mutation
par voie d'échange, ainsi que sur la déduction du passif
des successions pour déterminer le montant du droit
d'enregistrement et sur la création d'une institution de
crédit foncier, les autres matières dont j'ai parlé peuvent
toutes faire l'objet de l'examen du Corps législatif à
l'occasion de la discussion du Code rural et prendre place
dans le titre complémentaire de ce Code. Elles se rattachent, comme je l'ai fait observer, à l'article premier
du titre préliminaire du projet, et elles seraient assurément plus utiles que le second article de ce titre, qui
porte que : « à compter du jour où chaque livre du
présent Code sera exécutoire, les coutumes générales ou
locales et les usages particuliers cesseront d'être en vigueur
pour tout ce qui est contraire à ses dispositions. » Il n'y
a sans doute pas grand inconvénient à maintenir cet article ; mais il n'y en aurait pas davantage à le supprimer,

tant sont palpables les deux vérités qu'il exprime. La promulgation de toute loi a pour effet d'abroger implicitement non seulement les usages, mais même les lois qui sont contraires à ses dispositions ; et cette abrogation, à moins d'un cas exceptionnel et expressément indiqué, date toujours du moment où la loi nouvelle devient exécutoire en vertu de sa promulgation, et lors même qu'elle se compose de parties différentes qui ne sont promulguées que successivement. Ce n'est donc pas la peine de faire un article spécial pour y énoncer ces notions juridiques qui sont élémentaires même pour les moins initiés à la science du droit.

III.

C'est dans le titre premier du nouveau code , qui est consacré aux chemins ruraux et aux chemins d'exploitation , que se rencontrent les dispositions les plus originales et les plus importantes du projet, celles surtout qui concernent les associations syndicales.

Sans cette fâcheuse tendance à maintenir les communes dans les liens d'une tutelle perpétuelle et à faire intervenir l'administration publique dans les affaires des particuliers, je n'aurais guère que des éloges pour les prescriptions de ce titre.

Le projet commence par fixer la propriété des chemins ruraux et il déclare qu'ils appartiennent à la commune sur le territoire de laquelle ils sont situés.

Mais à quel signe reconnaîtra-t-on qu'un chemin est rural et qu'il appartient à la commune ? A ce signe , dit le projet , qu'il est affecté à l'usage du public. Mais cette

affectation, comment se prouve-t-elle elle-même ? par le
fait de la circulation libre de tous les habitants et à plus
forte raison par les faits de voierie procédant de l'autorité
municipale.

Sans doute, le fait de la circulation libre de la pluralité
des habitants n'est pas un indice certain du droit du public sur tel ou tel chemin. Sans doute aussi, l'usage public
du chemin n'est pas une preuve infaillible de la propriété
de la commune. Néanmoins c'est avec raison que le
projet pose en règle la présomption de la propriété communale. En fait , il est certain que la vraisemblance est
qu'un chemin dont tout le monde jouit n'appartient ni
à une personne , ni à une collection d'individus. Du moment donc qu'il fallait asseoir d'une manière fixe la propriété de ces chemins, on a bien fait d'ériger la présomption
en faveur de la commune : d'autant plus que c'est là aussi
ce que demande l'intérêt public. Quant à la fixation de
cette propriété, elle était nécessaire ; car jusqu'ici la propriété d'une foule de chemins était incertaine entre les
communes et les particuliers ; et cette incertitude était
la pire des situations , nul ne sachant à qui incombait
l'obligation de maintenir ou de remettre les chemins en
bon état.

Ces règles du projet sont donc très sages et il faut louer
surtout la disposition qui donne au maire, sur une délibération du conseil municipal et après une enquête publique, le droit de constater l'affectation à l'usage du public par un arrêté qui fait preuve de la possession de la
commune. Cet arrêté sera en effet la constatation légale
et indiscutable de l'affectation présumée à l'usage du public et du droit prétendu par la commune.

A cet égard , deux systèmes se présentaient au choix

des auteurs du projet. Ils pouvaient décider, comme ils l'ont fait, que l'arrêté de reconnaissance fera preuve de la *possession* de la commune, lorsque cette possession n'aura pas été contestée dans un certain délai. Ils pouvaient décider aussi que l'arrêté aura pour effet d'assurer à la commune la *propriété* incommutable du chemin, lorsque de même il n'aura pas été attaqué dans un délai déterminé par un tiers qui revendique la propriété.

Ce dernier système, s'il avait été adopté, n'aurait eu à aucun degré un caractère quelconque d'injustice. D'un côté, l'utilité publique qui exige que la propriété des chemins soit fixe et certaine, de l'autre la presque certitude que ces chemins ne peuvent appartenir qu'à la commune, eussent empêché de trouver exorbitante la mesure qui, après la publication de l'arrêté du maire revendiquant les droits de la commune envers et contre tous, eût mis les intéressés en demeure de faire valoir leurs prétentions dans un délai déterminé à peine de déchéance.

Cette manière de procéder aurait certainement eu un grand avantage, puisque, le délai expiré, elle eût fixé à jamais l'assiette de la propriété des chemins et coupé court à toute contestation future. Néanmoins je félicite les auteurs du projet d'avoir donné la préférence au premier. système. J'ai peu de goût pour les dispositions dérogatoires au droit commun ; j'aime qu'on ne fasse appel au droit exceptionnel que dans le cas d'une nécessité absolue. S'il paraît conforme à l'utilité publique que la question de propriété soit tranchée le plus promptement possible et d'une façon irrévocable, il est aussi de l'intérêt social que les propriétaires ne soient pas dépouillés légèrement et qu'à cet effet ils jouissent du droit de revendication selon le droit commun. L'arrêté du maire ne fera donc que constater la possession de la commune et ceux qui prétendraient droit au chemin conserveront la faculté d'agir au pétitoire pendant trente ans à partir de l'arrêté ou seulement à partir de l'époque, antérieure à l'arrêté, où remonterait effectivement la possession de la commune.

Cet arrêté produit une autre conséquence importante. En constatant la possession légale de la commune, il a pour résultat de rendre les chemins ruraux imprescriptibles : ce qui n'empêche pas sans doute l'exercice des actions en revendication dans le délai ordinaire, mais ce qui met obstacle pour l'avenir à toute acquisition de la totalité ou d'une partie du chemin par usucapion. Cette imprescriptibilité est d'un intérêt public évident ; mais elle ne peut être que la conséquence d'un arrêté municipal, parce que, si les chemins communaux sont et doivent être imprescriptibles, c'est seulement sous la condition qu'il soit certain qu'ils sont communaux ; et cette certitude, en face d'une possession privée qui contredit celle de la commune, ne résultera le plus souvent que d'un arrêté de reconnaissance.

Enfin cet arrêté, faisant preuve légale de la possession communale, rendra par cela même juridiquement nulle toute possession privée antérieure, à moins qu'une action possessoire ne soit intentée contre la commune dans l'année de l'arrêté; à moins aussi que la possession privée soit telle qu'elle rende impossible le passage du public ; car si la possession qui empêche la circulation publique vaut pour l'usucapion, quoiqu'elle ait commencé postérieurement à l'arrêté, elle vaudra *a fortiori*, lorsqu'elle aura commencé auparavant.

Cela s'éloigne un peu du droit commun, en fait de possession ; mais la nature spéciale de cette matière commandait une légère dérogation aux règles ordinaires.

Le projet prévoit le cas où la commune, jugeant qu'un chemin n'a pas pour elle une utilité suffisante , veut l'aliéner ; et il contient à cet égard une disposition digne de remarque : « l'aliénation, dit-il, n'est point autorisée, si les propriétaires formés en syndicat . . . . consentent à se charger de l'entretien. » C'est une excellente mesure, car elle appelle les intéressés eux-mêmes , c'est-à-dire les juges les plus compétents, les seuls compétents, à statuer sur la conservation ou la suppression d'un chemin. Je voudrais seulement que cette disposition fût encore élargie , de manière à satisfaire amplement à la diversité des intérêts ou à se prêter aux manières différentes de voir des individus. On peut poser en fait que, dès que les propriétaires auront le désir de s'entendre pour la conservation d'un chemin , ce chemin sera d'une utilité réelle. Par cela même d'ailleurs qu'il existe , la présomption doit être en faveur de sa conservation. Mais beaucoup de propriétaires ne consentiront souvent que difficilement à se charger de l'entretien d'un chemin qui n'est pas à eux, tandis que, s'il leur appartenait, ils en accepteraient plus volontiers la charge. En général, on a moins d'empressement à faire des dépenses pour une chose qui est la propriété d'autrui que pour une chose que l'on possède en propre. Il y a là une considération qui aura quelquefois d'autant plus d'influence , sur la décision des associations syndicales, que les propriétaires, si le chemin leur appartenait, seraient libres de le traiter selon leur convenance ; tandis que , s'il continue d'appartenir à la commune , cette liberté aura des entraves, dans le présent et dans l'avenir; et ces entraves peuvent les décider à refuser la charge de

l'entretien du chemin. Je désirerais donc que la loi don-
nât à la commune le droit de céder les chemins aux propriétaires, à titre onéreux ou même selon les circonstances à titre gratuit. Ce n'est que dans le cas où les propriétaires intéressés n'en voudraient point acquérir la
propriété indivise , que la suppression aurait lieu et que
l'aliénation en serait faite au profit des riverains , et à
défaut de ceux-ci, au profit de quiconque se présenterait
pour les acquérir. Ne serait-ce pas là quelque chose de
très-raisonnable ? Les propriétaires gagneraient de conserver un chemin qui leur est utile ; la commune gagne-
rait de n'avoir plus à l'entretenir. Il est vrai que si l'aliénation se faisait à titre gratuit au bénéfice des associations
syndicales, la commune y perdrait les quelques deniers
qu'elle retirerait d'une vente. Mais une aussi mesquine
considération ne saurait faire naître une hésitation sérieuse. L'intérêt de l'ensemble des propriétaires , qui ne
peut pas ne pas se confondre plus ou moins avec celui de
la commune , compenserait amplement cette perte insi-
gnifiante.

Je ne mentionnerai que pour les approuver les différentes dispositions du projet relatives à la fixation par
l'autorité municipale de la direction, de la longueur et de
la largeur des chemins ruraux ; à la police , à la conservation et à l'entretien ; aux travaux d'élargissement et de
redressement de ces chemins ; aux extractions de matériaux ; aux dépôts ou enlèvements de terres ; à l'expropriation ou à l'occupation temporaire de terrains ; à la
prescription des actions en indemnité des riverains ; à
la compétence des tribunaux civils pour vider les contestations sur la propriété ou sur la possession des chemins
et à la manière de juger ces contestations. La plupart

de ces dispositions sont empruntées à la loi de 1836 sur les chemins vicinaux et paraissent avoir pour elles la consécration de l'expérience.

Cependant cette dernière loi contient une règle équitable, à laquelle il n'est pas même fait allusion dans le projet du Code rural. Elle décide que « toutes les fois qu'un chemin vicinal, entretenu à l'état de viabilité par une commune, sera habituellement ou temporairement dégradé par des exploitations de mines, de carrières, de forêts, ou de toute entreprise industrielle appartenant à des particuliers ..... il pourra y avoir lieu à imposer aux entrepreneurs ou propriétaires, suivant que l'exploitation ou les transports auront lieu pour les uns ou les autres, des subventions spéciales dont la quotité sera proportionnée à la dégradation extraordinaire qui devra être attribuée aux exploitations. » Pourquoi une règle semblable n'existe-t-elle pas dans le projet de Code rural à la suite de l'article qui charge les communes de l'entretien des chemins ruraux ? Ce ne peut être par l'effet d'un oubli de la part de ses rédacteurs. Ils ont donc pensé que le cas prévu par la loi de 1836 ne se présenterait pas pour les chemins ruraux ou du moins qu'il n'aurait pas pour eux la même importance que pour les chemins vicinaux. Mais c'est là, à mon sens, une erreur. Il y a des chemins ruraux qui servent, tout aussi bien que les chemins vicinaux, à des transports provenant d'exploitations industrielles. Il y en aura surtout si les dispositions sur les associations syndicales ne restent pas une lettre morte ; car il y a lieu de s'attendre que, là où ces associations se formeront, les communes s'empresseront de se décharger sur elles de l'entretien des chemins et de déclas-

ser même, à cette fin et le cas échéant, tel ou tel chemin
vicinal pour le convertir en chemin rural ordinaire.

On remarquera que le projet ne suppose pas qu'il
puisse y avoir lieu de créer de nouveaux chemins ruraux,
car il ne contient pas le plus petit mot à ce sujet. Cette
lacune doit être comblée ; elle serait trop choquante dans
un titre qui se présente avec la prétention d'être une loi
complète sur les chemins ruraux. Il est certain que, par
suite du morcellement des héritages , de nouveaux chemins peuvent devenir nécessaires, de même que d'anciens
chemins peuvent cesser de l'être, par suite de l'agglomé-
ration des fonds.

D'un autre côté, tel chemin d'exploitation, appartenant
à des particuliers et dont l'usage est interdit au public,
peut être ou devenir indispensable à la commune comme
chemin rural. Est-ce le cas, pour en exproprier les propriétaires , qui continueront d'ailleurs à en jouir comme
auparavant, d'employer les formes ordinaires de l'expropriation pour cause d'utilité publique ? Ou n'est-il pas
plus opportun de suivre les règles plus simples indiquées
par la loi de 1836 pour les expropriations qui ont pour
cause l'ouverture et le redressement de chemins vicinaux ?
Il convient que le Code rural s'explique là-dessus.

J'ai déjà dit qu'une des innovations les plus heureuses
du projet consiste dans le droit reconnu aux propriétaires
de se constituer en société pour entreprendre la réparation ou pour se charger de l'entretien des chemins ruraux. « Lorsqu'un chemin rural n'est pas réparé et entretenu par la commune , le maire peut , soit d'office , soit
sur la demande qui lui est faite, convoquer individuellement , en la forme administrative, tous les propriétaires
qui ont un intérêt spécial à la conservation de ce chemin,

pour qu'ils délibèrent sur la nécessité des travaux de réparation et d'entretien et pour les inviter à se charger de l'exécution de ces travaux , tous les droits de la commune lui restant réservés. » Cette disposition — qui serait excellente , ne fut-ce que parce qu'elle fait appel au principe d'association et confie au concours libre des intéressés la gestion d'intérêts à la fois publics et privés, communs et individuels , qui se confondent — n'est pas seulement utile dans le cas qui paraît avoir préoccupé les auteurs du projet : celui où la commune n'a pas de ressonrces snffisantes ; elle l'est encore dans le cas où la commune n'a aucun intérêt à la conservation et conséquemment à la réparation et à l'entretien d'un chemin rural. Il y a telle commune dont tel canton est entièrement ou presque entièrement possédé par des personnes étrangères , par des habitants d'une commune voisine. Les chemins situés dans ce canton n'offrent ainsi aucun avantage à ses propres habitants. On conçoit qu'une commune, fut-elle riche, ne veuille pas faire des sacrifices dont profiteraient uniquement des forains. L'utilité des associations de propriétaires est manifeste en pareille circonstance.

L'union des propriétaires , pour être légalement constituée et pour pouvoir, par l'intermédiaire des syndics, prendre en main l'exécution des travaux de réparation ou d'entretien et rendre des décisions obligatoires pour tous les propriétaires sans exception , doit être , d'après le projet , ou de la majorité des intéressés représentant an moins les deux tiers de la superficie des propriétés desservies par le chemin , ou des deux tiers des intéressés représentant la moitié de la superficie et consentant à se charger de la réparation et de l'entretien du chemin.

Ici encore , le Conseil d'Etat avait un choix à faire. Il

pouvait proposer où que la décision serait prise à l'unanimité des propriétaires intéressés ou qu'une majorité
quelconque suffirait pour lier tous les propriétaires. Mais
exiger un consentement unanime, c'eut été rendre à peu
près illusoire le bienfait des associations syndicales.
Toute la question se réduisait donc à savoir quelle ma-
majorité serait suffisante pour lier la minorité opposante.
A l'imitation d'une disposition du Code de commerce, qui
veut que, pour qu'un concordat soit obligatoire pour tous
les créanciers d'une faillite, il ne suffise pas de la volonté
de la majorité des créanciers, mais qui décide en outre
que les créanciers consentant doivent représenter les trois
quarts de la totalité des créances, le Conseil d'Etat a
pensé judicieusement qu'il fallait prendre en considération
non seulement le nombre des propriétaires, mais encore
l'étendue des propriétés possédées par eux. Il ne serait
effectivement pas juste que les quatre cinquièmes des
propriétaires, par exemple, ne possédant que le cinquième
de la superficie des propriétés, eussent le pouvoir d'obliger par leur décision le cinquième des propriétaires possédant les quatre cinquièmes des héritages. Réciproquement
il ne serait pas équitable que cinq ou six propriétaires
possédant les sept dixièmes du territoire total eussent la
faculté d'engager trente ou quarante propriétaires qui ne
posséderaient ensemble que les trois autres dixièmes. Il
s'agissait de trouver le rapport convenable entre le nombre
des propriétaires et la superficie des propriétés. Ce rapport, quelqu'il fut, devait nécessairement être plus ou
moins arbitraire. La combinaison à laquelle se sont arrêtés les auteurs du projet me paraît concilier très-rai-
sonnablement les droits divers et les intérêts respectifs.

C'est avec raison aussi que le projet prend pour l'une

des bases de l'association la superficie et non pas la valeur des propriétés. Il se peut faire que, dans un même
endroit, les valeurs des propriétés ne soient pas précisément proportionnelles à leur étendue, ce qui arriverait,
par exemple, si l'une ou l'autre des propriétés consistait
en un château ou en une villa, ou même en bois ou en
vignes, tandis que les autres seraient simplement des
terres arables. Il paraît plus juste qu'une petite propriété
composée de quelques ares, ne consistant le plus souvent
qu'en uu domaine de luxe et appartenant à un seul propriétaire, ne compte pas pour autant qu'un territoire d'une
valeur moindre, quoiqu'il soit peut-être dix ou douze fois
plus étendu, infiniment plus productif, et divisé entre un
certain nombre de propriétaires. De plus, en-dehors de
cette hypothèse d'une propriété de luxe et d'agrément, le
cas de terres qui, dans un même canton, n'ont pas une
valeur proportionnelle à leur superficie, sera une circonstance trop rare pour que le législateur ait dû en faire le
fondement de la règle qu'il avait à poser. Enfin, le calcul
des superficies est d'une application plus simple et plus
pratique, et, comme il est d'ailleurs conforme à la justice,
c'était une raison décisive pour le préférer au calcul des
valeurs.

Lorsqu'il s'agit, non plus de réparations urgentes ou
d'entretien indispensable, mais seulement de travaux
d'améliorations, tels que le redressement ou l'élargissement du chemin, le consentement unanime des propriétaires est exigé. Cette distinction entre les travaux de
réparation ou d'entretien et les travaux d'amélioration
n'a rien que de fort légitime. Si les premiers, qui sont
commandés par une impérieuse nécessité ou par une
utilité manifeste, doivent pouvoir être exécutés malgré

quelques dissidences ou quelques mauvais vouloirs, rien ne forçait plus à maintenir une règle certainement rigoureuse et jusqu'à un certain point attentatoire aux principes du respect de la propriété et de la liberté individuelle, alors qu'il n'est question que de travaux qui, sans avoir un caractère voluptuaire, n'ont cependant pas celui d'une incontestable utilité, encore moins celui d'une nécessité absolue. La disposition du projet est d'autant moins sujette à la critique que les propriétaires qui tiennent à l'exécution des travaux d'amélioration ne seront nullement empêchés d'y pourvoir et que le refus d'une minorité même considérable ne mettra aucun obstacle à la formation de l'association syndicale. Seulement aucune charge ne pourra être imposée à ceux qui refuseront leur consentement.

Si j'approuve ces différentes règles du projet, il n'en est pas de même de celle qui attribue au conseil de préfecture la connaissance des contestations relatives au défaut d'intérêt des propriétaires ou au degré d'intérêt des associés. C'est pour les tribunaux de l'ordre civil que je revendique cette compétence, en demandant au surplus que les contestations soient jugées comme matières sommaires. Que les difficultés qui se rattachent à la perception des taxes et à l'accomplissement des prestations, à l'exécution des travaux, voire même à la nomination des syndics, soient vidées par la juridiction administrative : j'y consens, malgré les objections qui surgissent dans mon esprit, parce que, l'association syndicale définitivement constituée par la volonté des propriétaires, les contestations qui surgissent sont assimilables à celles qui s'élèvent en matière d'impositions communales ou de travaux publics. Mais il ne saurait en être ainsi, quand

un propriétaire nie qu'il est intéressé à la conservation
du chemin et se refuse en conséquence à contribuer aux
charges de réparations et d'entretien ou quand il conteste
la proportion des charges dont il est tenu, en discutant le
degré d'utilité du chemin pour sa propriété. Qu'on le
remarque bien : il n'est pas question d'une taxe ou de
prestations imposées d'une manière générale à tous les
propriétaires par l'autorité publique, et qui relèvent
naturellement, quant aux difficultés auxquelles elles
donnent lieu, de contentieux administratif. Bien que ce
soit un chemin public et communal qui donne naissance
à la contestation, il s'agit de savoir si les propriétaires
qui refusent leur concours comme non intéressés ont ou
n'ont pas un rapport d'obligation avec les autres propriétaires au profit desquels se font en définitive les travaux
du chemin. Les propriétaires sont réciproquement obligés
les uns envers les autres; les différents héritages sont en
quelque sorte respectivement assujétis les uns à l'égard
des autres à une charge commune, mais à la condition
que l'obligation de chaque propriétaire envers les autres
soit réellement prouvée, à la condition qu'il soit démontré que chacune des propriétés se trouve dans un état de
relation avec les autres propriétés auxquelles incombe
cette charge. La question qui domine ici se rattache
éminemment aux questions de propriété et de rapport
des propriétés. Elle est donc de la compétence des tribunaux de l'ordre judiciaire; et bien qu'elle soit entremêlée
d'un intérêt de voierie communale, on ne doit pas en
attribuer la connaissance au conseil de préfecture et au
conseil d'Etat. Si ces réflexions laissaient encore quelques esprits dans l'hésitation, je leur dirais que, par
cela seul que les droits de la propriété sont engagés

10

ici, le doute doit se résoudre en faveur de la juridiction civile.

Il est clair, du reste, que la solution est la même, soit qu'un propriétaire nie avoir un intérêt quelconque à l'existence du chemin, soit qu'il conteste seulement le degré de cet intérêt.

J'ai cité le texte principal du projet. On y a vu que le maire convoqne, pour délibérer sur les travaux à exécuter, les propriétaires qui ont à la conservation du chemin un intérêt *spécial*. Je réclame la suppression de ce dernier mot qui n'offre aucun sens précis. De deux choses l'une: ou l'intérêt existe ou il n'existe pas. S'il existe, le propriétaire est tenu de contribuer pour sa part aux charges d'entretien et de réparations ; s'il n'existe pas, on ne peut lui imposer aucune obligation. Sans doute, l'intérêt peut être plus ou moins grand ou plus ou moins minime ; mais s'il est grand, la contribution sera forte, et, s'il est petit, elle sera faible. En quoi peut donc consister la spécialité de l'intérêt? Je m'imagine que les rédacteurs du projet seraient embarrassés de le dire : car il n'est pas à croire que par intérêt spécial, ils aient entendu parler d'un intérêt se rattachant à l'exploitation agricole par opposition au simple intérêt qui résulterait de l'usage accidentel du chemin pour ceux qui, par exemple, s'en serviraient pour se promener ou pour aller plus directement d'un village à un autre, sans avoir aucun bien rural dans le voisinage du chemin. Il est évident que, dans ce dernier cas, il n'y a pas d'intérêt dans le sens de la loi. Mais on voit par là même qu'il est utile de supprimer le mot *spécial* qui ne peut être qu'une source d'incertitude en théorie et de contestations en pratique.

L'association constituée nomme des syndics dont le

projet ne fixe pas le nombre. Et en cela, il fait bien : il
convient de laisser sous ce rapport la plus entière liberté
aux intéressés ; le nombre des syndics est sujet à varia-
tion suivant les communes, l'état des chemins, la nature
des travaux.

Les syndics, au nom de l'association, ont le droit
d'ester en justice, d'emprunter, d'acquérir les parcelles
de terrains nécessaires à l'élargissement ou au redressement du chemin. Le projet ajoute ici que ces terrains
réunis à la voie publique deviendront la propriété de la
commune : ce qui est tout-à-fait rationnel, puisque le
chemin continue d'appartenir à la commune et que la
condition de l'accessoire est de suivre le sort du principal.

A cette énumération des droits des associations syndicales, il importe que, lors de la discussion du Code rural,
on en ajoute un autre : celui de voter l'ouverture de
chemins nouveaux et d'en poursuivre l'exécution par
l'intermédiaire des syndics. Si, comme je l'ai fait observer plus haut, ce droit doit être mentionné pour les communes, la loi doit à plus forte raison prévoir sa mise en
exercice par les associations syndicales. L'ouverture de
chemins nouveaux aura lieu presque toujours dans des
intérêts particuliers plutôt que dans l'intérêt d'une commune entière, car il est présumable que toute commune
est pourvue des chemins qui lui sont absolument indis-
pensables. C'est donc plutôt l'initiative individuelle que
l'action municipale qui poursuivra l'exécution de nouveaux chemins utiles aux exploitations rurales. Qu'on ne
dise pas que rien n'empêche les propriétaires intéressés
à la création d'un chemin de le faire exécuter sur leurs
propriétés, qu'il n'est pas besoin d'une disposition légis-

lative pour leur donner cette faculté qui est de droit commun.
Je répondrais d'abord que, dans l'état actuel de notre
législation, cela ne serait possible que du consentement
de tous les propriétaires dont le chemin traverserait les
fonds. Mais, en outre, il faut supposer qu'il s'agit d'un
chemin destiné à devenir communal et voici pourquoi : la
commune aura elle-même la plupart du temps un intérêt
considérable à l'exécution d'un chemin nouveau, mais ses
ressources ne suffisent pas pour l'entreprendre ; son
intérêt sera même quelquefois dominant, mais elle pen-
sera judicieusement qu'il y a tout avantage à confier
l'exécution des travaux à ceux qui y sont directement
intéressés. D'un autre côté, ceux-ci peuvent avoir besoin
des subventions plus ou moins larges de la commune. Il
faudra, pour la réussite de l'entreprise, le concours réciproque, les ressources réunies de la munipalité et des
associations syndicales. Mais un chemin, qui est pour la
commune même d'une grande utilité ou peut-être d'une
nécessité réelle et à l'exécution duquel elle contribue par
une subvention peut-être égale ou même supérieure à la
cotisation des propriétaires, ne saurait être un chemin
privé dont l'usage serait susceptible d'être interdit aux
habitants de la commune. Il ne saurait être qu'un chemin
public et communal. Il faut donc reconnaître aux associations syndicales le droit de créer de nouveaux chemins,
avec tous les droits qui en sont l'accessoire, notamment
celui de poursuivre l'expropriation des propriétaires des
terrains qui seront occupés par le chemin projeté. Au
surplus, il va sans dire que les syndics ne pourraient
poursuivre l'expropriation qu'autant que le nouveau chemin aurait été déclaré d'utilité publique par l'autorité
compétente et dans les formes ordinaires.

Je n'ai aucune remarque à faire sur la disposition qui refuse à tout propriétaire le droit de contester sa qualité d'associé ou la validité de l'acte d'association après l'écoulement d'un certain temps ; sur celle qui attribue au juge de paix la connaissance des contestations relatives à l'établissement des servitudes nécessaires au chemin ; ni enfin sur celles qui concernent le rôle des syndics, le recouvrement des taxes, la répartition des charges, etc.

En somme, on le voit, les dispositions du titre sur les chemins ruraux doivent être approuvées, sauf à les rectifier ou à les compléter sur quelques points.

Mais j'ai maintenant à diriger contre le projet une critique plus sérieuse que les critiques de détails qu'on vient de lire. Elle a trait à l'intervention préfectorale qui, à mon sens, n'a que faire en cette matière.

Ainsi le maire doit, aux termes du projet, dresser un procès-verbal constatant la formation de l'association ; ce procès-verbal doit être transmis au préfet par le maire avec son avis et celui du conseil municipal. Au vu de ces documents, le préfet autorise ou refuse d'autoriser l'association. Lorsque l'association a été autorisée, le préfet a le droit, dans certains cas, de rapporter l'arrêté d'autorisation. Le projet lui donne également le pouvoir d'intervenir dans les opérations pour vérifier l'état des travaux ; de nommer les syndics dans le cas où l'assemblée des propriétaires ne les nommerait pas. Enfin, les arrêtés municipaux de reconnaissance des chemins ruraux ne sont valables qu'autant qu'ils sont revêtus de son approbation.

Je me demande en vérité ce que le préfet a à voir en tout ceci et en quoi son intervention offre quelque avan-

tage. Si l'on veut sérieusement appeler les propriétaires
à s'occuper des affaires d'intérêt commun, il faut avant
tout, comme je l'ai dit précédemment, leur laisser leur
complète liberté d'action. Ils sont certainement les meilleurs juges de la nécessité ou de l'utilité des travaux et
de la manière de les exécuter. Il importe qu'ils n'aient
pas à craindre d'être gênés par une immixtion étrangère ;
de voir leurs décisions et leurs plans subordonnés à des
conditions ou soumis à des restrictions qu'ils ne se soucient point d'accepter ; d'être ultérieurement entravés
dans l'exécution des travaux, telle qu'ils l'ont conçue, par
des mesures dont ils n'auraient point l'initiative ; de ne
pas se sentir enfin maîtres d'agir selon leurs convenances
et en toute liberté.

Que les préfets aient autorité sur les routes nationales
et départementales, c'est bien ! qu'ils aient autorité sur
les chemins de grande communication qui intéressent un
grand nombre de communes, une partie notable du département, c'est bien encore! on comprend même qu'ils aient
une action sur les chemins vicinaux, parce que, un chemin
vicinal reliant plusieurs communes entre elles, celle qui
le possède n'est pas seule intéressée à sa conservation et à
son entretien. Mais quand il ne s'agit que de chemins
ruraux, c'est-à-dire de chemins uniquement destinés aux
exploitations agricoles des habitants d'une commune, je
n'arrive pas à trouver un sens raisonnable à l'intrusion
préfectorale. La raison de cette intrusion n'est pas assurément la prévision et la crainte qu'une minorité soit
livrée à la merci des volontés oppressives de la majorité
des propriétaires, puisque, d'après mon vœu, s'il était
accueilli, cette minorité aurait toujours le moyen de faire
respecter ses droits par les tribunaux civils et que, dans

le système même du projet, elle a un recours assuré devant la juridiction administrative.

Quand donc nos législateurs comprendront-ils que ce régime de centralisation et d'omnipotence administrative en suite duquel rien ne peut être accompli ni tenté sans le consentement du pouvoir exécutif ou de ses délégués, énerve l'énergie et les forces individuelles et paralyse tout effort et tout esprit d'entreprise? Quand donc comprendront-ils qu'il n'y a pas d'œuvre fructueuse possible, lorsque la responsabilité n'est pas là où est l'action, le contrôle, le droit de décider? Quand donc comprendront-ils qu'on ne se livre avec satisfaction, avec ardeur et partant avec profit et avec succès à une entreprise, qu'autant qu'on en a la pleine et entière direction, qu'on en est le maître absolu? Quand donc comprendront-ils qu'il est injuste qu'une commune n'ait pas le droit de régler souverainement ses plus mesquines affaires, alors que seule elle peut les apprécier avec compétence? Quand donc comprendront-ils tout ce qu'il y a de ridicule à ce qu'un préfet, du fond de son hôtel et de son cabinet, ait le pouvoir de réviser les résolutions d'une assemblée de propriétaires délibérant sur le point de savoir s'il leur est ou non avantageux de restaurer uu pauvre petit chemin rural?

Je le sais et je l'ai déjà dit : la question touche à l'ordre politique. Elle est inhérente à l'institution même de la tutelle des communes et aux lois sur les associations et les réunions.

Mais enfin, oui ou non, le gouvernement veut-il faire franchement un pas dans la voie des mesures libérales ? Veut-il, oui ou non, par des actes et non par de vaines paroles, se prêter efficacement à l'expansion si urgente des franchises communales, seul fondement véritable des libertés publiques ? Veut-il, oui ou non, marcher vers le régime de la décentralisation et du remplacement des pouvoirs des préfets par le libre exercice des droits des communes et des citoyens : mais résolument et non point, comme il l'a fait jusqu'à présent, à pas de tortue, quand ce n'est point à pas d'écrevisse ?

Si non : il n'y a qu'à se taire en gémissant sur la manière dont sont compris les intérêts de la France.

Si oui : eh bien ! voici une exellente occasion de le prouver. Excellente ! car l'essai n'offre pas le moindre péril. Quel danger peut présenter, soit au point de vue de l'ordre politique, soit au point de vue de l'ordre financier, la décision d'un conseil municipal sur la réparation, l'entretien ou la suppression d'un chemin communal, alors surtout que le droit de recours et d'opposition existe au profit des intérêts privés qui seraient lésés par sa décision ? Que peut redouter l'Etat pour sa sécurité de l'association de trois ou quatre douzaines de propriétaires réunis dans un intérêt rural ? Pourquoi faut-il une autorisation préfectorale à des cultivateurs pour délibérer sur la conservation d'un chemin qui dessert leurs champs, leurs prés ou leurs vignes, plutôt qu'à des créanciers pour délibérer sur l'état d'une faillite et le sort de leurs créances ? En quoi l'intervention d'un préfet, à propos d'un chemin rural, est-elle moins étrange et moins déplacée que ne le serait son intervention à propos d'un concordat voté par les créanciers d'un failli ? Le contrôle administratif n'a donc ici aucune raison d'être. Et, s'il est une conjoncture où les mesures préventives soient inutiles ; si les lois répressives, dans le cas où l'association se détournerait de son but, suffisent quelque part, c'est vraiment en cette matière. On parle beaucoup, dans les régions officielles, de l'esprit patrio-. tique qui anime les modestes populations des campagnes. On est sans doute sincère dans l'éloge qu'on leur donne ; c'est donc le cas d'avoir quelque confiance en elles.

Remarquez d'ailleurs que l'association ne se constituera que sous l'œil de l'autorité municipale , puisque c'est le maire qui la convoque et la préside et que tous les droits de la commune , dit le projet , lui demeurent réservés. Or, je ne critique point ces règles : le chemin appartient à la commune ; le maire représentant de la commune ne saurait rester étranger aux décisions qui le concernent. De même, et par la même raison, il faut admettre que le conseil municipal aura le droit d'imposer à l'association syndicale telle condition qu'il lui plaira.

Mais je désapprouve encore le projet en ce qu'il laisse au maire la faculté de convoquer ou de ne pas convoquer les propriétaires intéressés. Il y a ici une distinction à faire. Si le conseil municipal est d'accord avec lui pour ne pas remettre aux propriétaires le soin des réparations et de l'entretien, le maire doit avoir évidemment le droit de ne point les convoquer ou de ne pas donner suite à la convocation qui aurait déjà eu lieu ainsi qu'aux délibérations qui auraient déjà été prises. Mais si le conseil municipal est d'avis de remettre le chemin aux propriétaires, le maire doit être tenu de les convoquer , soit sur l'invitation du conseil lui-même, soit sur la réquisition qui lui en est faite par un ou plusieurs des propriétaires intéressés.

Il est juste aussi que, lorsque la commune fournit une subvention, une partie des syndics soit nommée, non par le maire , comme le veut le projet , mais par le conseil municipal. Pourquoi serait-ce le maire , si ce n'est en vertu de cette tendance à étendre les attributions des représentants du pouvoir aux dépens des mandataires des communes ? C'est au conseil , qui vote la subvention , à choisir ses délégués.

Mais ce qui n'est pas juste, c'est que la nomination des syndics puisse appartenir au préfet. Le projet prévoit le cas où l'association syndicale ne les nommerait pas. Dans le système de la liberté complète des associations syndicales indépendamment de l'autorisation préfectorale, ce cas ne peut guère être qu'un cas imaginaire. Si l'assemblée ne nomme pas les syndics, elle refuse les moyens d'entreprendre l'exécution des travaux du chemin ; l'association existe en apparence, non en réalité.

Suppose-t-on que l'assemblée a tout prévu, tout réglé, sauf le choix des syndics ; ou, dans le système du projet, que la nomination des syndics n'a lieu que dans une seconde réunion postérieure à l'arrêté d'autorisation et que tous les propriétaires ne se présentent plus à cette seconde réunion ? en cette occurrence , il semble qu'il faille, après une nouvelle convocation générale, attribuer la nomination des syndics aux membres qui s'assembleront. Enfin si l'on veut supposer — ce qui serait assez singulier et ce qui n'arriverait certainement pas dans une organisation entièrement libre des associations — si l'on veut, dis-je, supposer qu'une réunion ultérieure n'abou- tisse plus par suite de l'abstention générale ou presque générale des propriétaires, c'est le conseil municipal encore, et non le préfet, qui doit être chargé de la nomination des syndics. Est-ce par hasard le préfet qui est le représentant naturel des propriétaires ?

Je conclus donc à ce que toutes ces attributions conférées au préfet par le projet soient rayées du Code rural, même celle « de faire procéder d'office à l'exécution des travaux » nécessaires à la sécurité publique « dans le cas où l'interruption ou le défaut d'entretien des travaux entrepris par une association pourraient avoir des conséquences nuisibles. » Il est bien entendu que je ne critique pas cette disposition quant au fond. Seulement le droit qui y est mentionné doit être restitué au maire, sous l'autorité duquel se trouvent les chemins ruraux et auquel appartient la police de la banlieue. Je ferai observer qu'on peut même s'abstenir d'en parler. Le droit de pourvoir à la sûreté des lieux publics de toute nature est une des plus incontestables prérogatives de l'autorité municipale.

On lit enfin dans le projet que les arrêtés de reconnaissance des chemins ruraux sont pris par le maire, *après* enquête publique et *délibération du conseil municipal.* Qu'est-ce à dire ? Appliquera-t-on ici la disposition de la nouvelle loi sur les conseils municipaux , d'après laquelle , en cas de désaccord entre le conseil municipal et le maire , l'avis de ce dernier l'emporte, si le préfet le sanctionne ? Ainsi les habitants d'une commune, par l'organe univoque de leurs mandataires , déclarant qu'un chemin n'appartient pas à la commune , que dans tous les cas il lui est inutile et qu'il serait par conséquent frustratoire de voter des fonds pour son entretien ; mais le maire , qui y a peut-être un intérêt personnel et qui est approuvé par le préfet, est d'une opinion contraire: l'arrêté sera pris et la commune sera dotée malgré elle d'un chemin agricole qui lui est inutile d'une part , onéreux de l'autre. Ou bien le conseil municipal, considérant, en grande majorité ou à l'unanimité, qu'un chemin est d'une incontestable utilité pour la commune et ses habitants, estime qu'il y a lieu d'en constater la propriété ou du moins la possession communale ; le maire veut au contraire abandonner le chemin comme inutile et onéreux ; le préfet lui donnant raison , l'arrêté ne sera pas pris et le chemin sera livré aux usurpations privées. Ainsi deux fonctionnaires nommés par le pouvoir et peut-être aussi ineptes l'un que l'autre dans les choses de l'agriculture, pourront conserver ou supprimer un chemin rural contre le gré des cultivateurs qui sont à la fois les seuls compétents et les seuls intéressés dans la question. Si c'est de la sorte qu'on comprend en certains lieux les intérêts agricoles, le moins que je puisse dire, c'est que c'est une étrange manière de les comprendre.

Je demande que sur ce point au moins on en revienne à ce qu'indique la plus vulgaire équité et le plus simple bon sens et qu'on décide que l'arrêté de reconnaissance sera ou ne sera pas pris suivant le vœu du conseil municipal.

La troisième section du titre premier s'occupe des chemins et des sentiers d'exploitation dont l'usage est restreint au service de certains héritages.

Elle confère , à moins de titre ou de possession contraires, la propriété indivise de ces chemins aux propriétaires de ces héritages. En conséquence de ce principe, elle leur permet d'en enterdire l'accès au public et donne à chacun d'eux une action contre tous les autres pour les forcer à contribuer à la réparation et à l'entretien des chemins.

Ces dispositions, pleines de sagesse, auront pour effet de fixer d'une manière certaine la propriété des chemins qui ne seront pas réputés ruraux et dont la commune ne réclamera pas la propriété. Il n'y avait rien de pire que l'incertitude qui existait à cet égard : d'un côté, les propriétaires ne les réparaient pas, ne sachant même point s'ils en avaient le droit; ou, si quelques uns d'entre eux étaient diposés à faire preuve de bonne volonté et à tenter un effort, ils étaient paralysés par l'inertie des autres, ne pouvant prendre la totalité des réparations ou de l'entretien à leur charge exclusive. D'un autre côté, les communes les laissaient à la charge des propriétaires, parce qu'ils n'avaient point pour la généralité des habitants une utilité suffisante. Maintenant que la propriété de tout chemin qui n'est pas réputé rural est attribuée aux propriétaires dont le chemin dessert les héritages, ceux-ci sauront qu'ils ne peuvent compter que sur eux-mêmes pour le mettre ou le tenir en bon état ; mais ils sauront en outre qu'ils ont le droit d'obliger leurs voisins à y concourir en proportion de leur intérêt.

Cependant j'ai ici une observation à faire en même temps qu'un vœu à émettre. Il est très souvent impossible, dans les lieux surtout où la propriété est morcelée, de distinguer un chemin rural d'un chemin d'exploitation privé. Le projet du code nous donne ce criterium : c'est que le chemin rural est affecté à l'usage du public, tandis que le chemin privé n'est destiné qu'à desservir un certain nombre d'héritages déterminés. Mais la difficulté est précisément, dans une foule de cas, d'apprécier avec exactitude où commence et où cesse l'usage public. Tel chemin dessert des héritages déterminés et cependant il en dessert un si grand nombre, il est utile ou nécessaire à tant de propriétaires qu'il est difficile, impossible même, de dire avec certitude s'il est un chemin public ou un

chemin privé. Le seul moyen vraiment infaillible de les
distinguer et de trancher ainsi nettement la question de
propriété comme aussi la question des charges de réparations et d'entretien, qui en est l'accessoire et la conséquence , consiste dans les arrêtés de reconnaissance des
chemins ruraux. Voilà pourquoi — et c'est le vœu que je
forme — il est à désirer que , aussitôt après la promulgation du Code rural , les maires prennent des arrêtés
concernant tous les chemins ruraux , lors même que les
communes ne seraient pas actuellement en état de pourvoir à leur réparation ou à leur entretien. Car , outre le
but et le résultat direct de ces arrêtés , ceux-ci auront
encore un effet indirect non moins important , celui de
reconnaître aux particuliers la propriété des chemins
qui n'auront pas été désignés comme ruraux et communaux. Alors seulement les propriétaires pourront action-
ner leurs consorts, pour qu'ils contribuent à remettre ou
à maintenir les chemins d'exploitation et de défruitement
en état de viabilité, sans crainte de se voir repoussés par
une fin de non recevoir fondée sur le fait vrai ou faux
que tel ou tel chemin appartient à la commune. Je ne
demande pas qu'une disposition impérative soit insérée
dans le Code rural pour obliger les conseils municipaux
et les maires à délibérer et à statuer sur la classification
des chemins. Une pareille disposition serait périlleuse.
Si elle n'était pas exécutée , elle ne ferait qu'ajouter au
chaos de la voierie un nouvel élément de confusion. Si
elle était exécutée , l'arrêté municipal pourrait omettre certains chemins qui sont véritablement communaux et en attribuerait ainsi, au préjudice de la commune,
la propriété à des particuliers qui n'y ont aucun droit.
Ajoutez que tel chemin qui semble aujourd'hui être plu-

tôt privé que public peut, avec le temps, les circonstances et le changement des opinions , affecter au contraire le caractère de chemin public. Il ne serait donc pas prudent que , par un arrêté général qui ne le comprendrait pas dans sa teneur , la commune se mît dans l'impossibilité de le réclamer ultérieurement. Le système du projet qui laisse à l'autorité municipale toute latitude pour prendre les arrêtés de reconnaissance selon sa convenance et en temps et lieu est donc préférable en principe. Mais il n'en reste pas moins vrai qu'il est désirable que la propriété de tous les chemins soit répartie avec soin et d'une façon définitive entre les communes et les particuliers. C'est , je le répète , la première condition et le meilleur moyen d'arriver peu à peu à mettre en état de viabilité les chemins ruraux et les chemins d'exploitation.

Une conséquence du principe que les chemins d'exploitation forment une propriété privée est qu'ils ne peuvent être supprimés que du consentement de tous les propriétaires qui ont le droit de s'en servir et que l'usage peut en être interdit au public. Cette seconde règle est doublement juste : et comme corollaire du droit de propriété et parce que , les frais de ces chemins étant à la charge des propriétaires , ceux-ci doivent pouvoir veiller à ce qu'ils ne soient point dégradés par des étrangers.

Quant à la part contributive de chacun des propriétaires dans les réparations ou dans l'entretien du chemin, les auteurs du projet pouvaient décider ou que chaque propriétaire serait tenu des réparations et de l'entretien de la partie du chemin longeant son héritage et pour la moitié de sa largeur, ou que chacun d'eux en serait tenu d'une manière générale et indéterminée et sur l'ensemble indivis du chemin, en proportion de son intérêt. C'est ce

dernier parti qu'a sagement adopté le Conseil d'état. Il
est juste que les charges de chacun des propriétaires cor-
respondent à son intérêt. Or cet intérêt peut n'être pas
proportionnel à l'étendue de la ligne qui limite son fonds
du côté du chemin. Il y a même mieux : le chemin peut
desservir des fonds qui ne sont pas contigus au chemin,
ce qui se rencontre, non-seulement dans le cas d'enclave,
mais encore lorsque le chemin conduit à un chemin
plus éloigné le long duquel se trouvent ces fonds.

On sait que, lorsque les héritages sont enclavés, ceux
auxquels ils appartiennent ont le droit de réclamer le
passage sur les propriétés voisines. Je crois que ce droit
ne donne aux besoins de la culture qu'une insuffisante
satisfaction. Si l'enclave n'existe que pour une ou deux
parcelles d'immeubles, j'admets qu'il n'y ait pas lieu de
changer et d'étendre ce droit. Mais il arrive — et le fait
est commun — que dix, vingt, trente, quarante, cinquante champs, tenant tous l'un à l'autre, se trouvent
entourés de toutes parts par des héritages, sans avoir
accès sur aucun chemin. Le résultat de ceci, c'est qu'une
superficie plus ou moins vaste se trouve frappée d'une
dépréciation notable et que sa production est sensiblement
inférieure à la production normale au préjudice de l'agriculture en général et des propriétaires de ces champs en
particulier. Quand donc un certain nombre de champs
contigus sont tous enclavés, il faut donner à leurs
propriétaires le droit de demander non un droit
de passage pur et simple, mais un chemin pris tant sur
les fonds enclavés que sur les propriétés qui sont tenues
de livrer le passage. Il faut le leur donner non-seulement
malgré l'opposition des propriétaires dont les fonds ne
sont pas enclavés, mais encore contre celle de l'un

ou de l'autre des propriétaires dont les champs sont
en état d'enclave , et qui auraient eux-mêmes intérêt à
avoir un chemin. Qu'on applique ici, en la modifiant légèrement , la règle relative aux décisions des associations
syndicales sur les chemins ruraux : que la majorité des
propriétaires représentant au moins les deux tiers de la
superficie des fonds enclavés ou les deux tiers des propriétaires représentant plus de la moitié de la superficie
de ces mêmes fonds aient le droit et le pouvoir de forcer
tous les propriétaires qui sont obligés de livrer le passage
à laisser pratiquer un chemin sur leur propriété , malgré
l'opposition de la minorité intéressée elle-même à l'ouverture de ce chemin. Il me semble toutefois qu'il ne serait pas convenable d'aller jusqu'à contraindre cette minorité à contribuer aux dépenses de la création du chemin. Du reste, la nature des choses indique assez que les
propriétaires non-enclavés et tenus de la servitude de
passage ne seraient point consultés et n'auraient aucun
avis à émettre, si ce n'est pour contester le principe même
du droit des intéressés dans le cas que je vais indiquer.

J'ai dit que, lorsqu'il ne s'agissait que de deux ou trois
champs enclavés , on ne pouvait guère donner à leurs
propriétaires la prérogative d'ouvrir un chemin sur l'héritage adjacent. Cela est vrai surtout si le chemin avait
à traverser un certain nombre d'héritages voisins. Mais
quelle doit être l'étendue des immeubles enclavés, quel
doit être le nombre des propriétaires intéressés à posséder un chemin , pour qu'il y ait lieu de leur concéder
le droit de l'exiger ? On conçoit que c'est là un point qui
ne peut être réglementé législativement. C'est aux tribunaux à examiner dans chaque espèce s'il y a en jeu un
intérêt assez considérable pour convertir la servitude

de passage en une expropriation partielle qui permette
d'établir un chemin. La loi ne peut que recommander
aux juges de ne jamais oublier qu'ils doivent, dans leurs
décisions, chercher à concilier l'intérêt de l'agriculture
avec le respect dû à la propriété.

Je suis convaincu que, si la mesure que je propose
était accueillie dans le Code rural, elle recevrait l'approbation des cultivateurs. Cependant je prévois deux objections qu'on y pourrait faire.

Cette mesure, dira-t-on peut-être, est inutile, parce
que, si le chemin est nécessaire à un grand nombre
d'héritages et de propriétaires, la commune (par elle-
même ou par l'entremise d'une association syndicale)
aura le pouvoir de faire faire un chemin rural. Je réponds
que le sort des propriétaires dont les fonds sont enclavés
ne doit pas être subordonné au bon vouloir ou à l'inaction
volontaire ou forcée des communes, que très-souvent
le chemin n'importera pas assez à la généralité des
habitants pour que la commune le fasse exécuter à
titre de chemin rural et que j'ai précisément raisonné
dans l'hypothèse où il n'y a point lieu de créer un chemin communal, dans l'hypothèse où l'ouverture du
chemin ne peut résulter que de l'initiative et des ressources des particuliers qui y sont intéressés.

Que si d'un autre côté on trouve anormal et exorbitant
que les tribunaux soient autorisés à déclarer les propriétaires expropriés des terrains nécessaires au chemin,
et cela dans un intérêt purement privé, tandis que, en
toute autre matière et pour une entreprise d'utilité publique, l'expropriation n'est susceptible d'être prononcée
que sous de certaines conditions et moyennant certaines
solennités, je ferai remarquer que c'est la loi elle-même

qui, en cas d'enclave, autoriserait la dépossession partielle des propriétaires, les tribunaux se bornant à constater que les parties se trouvent dans le cas de la loi,
et qu'il n'est pas plus extraordinaire que les juges pro-
noncent l'aliénation qui a lieu par l'abandon d'une partie
déterminée de terrain que celle qui a lieu par l'établissement de la servitude de passage.

De même qu'il est quelquefois difficile de distinguer un
chemin public d'un chemin privé, de même il est souvent
peu aisé de distinguer un chemin d'un sentier. Quelle est
la largeur au-delà de laquelle il y a un chemin, en-deçà
de laquelle il n'y a plus qu'un sentier? Le projet ne le dit
pas et il ne lui importait pas de le dire, puisque ses dispositions s'appliquent uniformément aux sentiers et aux
chemins d'exploitation, et que notamment les uns et les
autres sont réputés appartenir indivisément à tous les
propriétaires dont ils desservent les héritages. Cependant
je ferai observer que la plupart des sentiers, qui sont
extrêmement étroits et peuvent tout au plus livrer passage à un homme conduisant une brouette, ne paraissent
en aucune façon porter l'empreinte d'un caractère de
propriété. Il serait beaucoup plus vrai de dire que les
champs traversés par les sentiers sont grevés d'une
servitude de passage au profit des propriétaires qui ont
le droit d'en user. Le sentier fait si évidemment partie du
fonds traversé qu'il n'y a pas moyen, sans faire violence
à la nature des choses, de l'en détacher pour le considérer comme une propriété spéciale et distincte. La
vérité est donc que chaque fonds est grevé d'une servitude
passive au profit des autres héritages qui ont besoin du
passage, que ces héritages soient ou ne soient pas eux-
mêmes occupés par le sentier.

Si cette réflexion n'avait qu'une valeur théorique , je
me serais abstenu de la présenter ; mais elle a une portée pratique assez grande. Dans l'usage , lorsque le propriétaire laboure son champ , il n'a pas égard au sentier
qu'il fait disparaître momentanément et qui ne se rétablit
que peu à peu par le piétinement des passants. Il ne le
respecte pas, parce qu'il ne pourrait pas le faire sans un
surcroît de travail notable et sans une considérable perte
de temps. Il est presque impossible d'arrêter et de sou-
lever le soc de la charrue à la limite précise du sentier
comme aussi de l'enfoncer sur la ligne même de la limite
opposée : de sorte que forcer le propriétaire à conserver
le sentier, ce serait le contraindre en outre à ne pas
labourer, ensemencer, cultiver une partie de son propre
champ. Cet errement des cultivateurs se concilie parfaitement avec l'idée d'une servitude ; car, la servitude ne
pouvant et ne devant s'exercer que suivant le mode qui
lui a été imposé par l'usage , il s'en suit qu'elle ne consiste que dans un droit de passage pratiqué au moyen
d'un sentier, mais d'un sentier que les propriétaires
ont le droit de faire disparaître momentanément
chaque année par le labourage. Si, au contraire, le sentier était considéré comme une propriété collective distincte du fonds et indivise entre les intéressés, il en
résulterait que l'un ou l'autre des propriétaires serait
en droit de s'opposer à sa suppression momentanée :
ce qui aggraverait injustement la charge qui pèse
sur ces fonds et aurait des inconvénients réels pour la
culture. L'intérêt des agriculteurs et par conséquent de
l'agriculture exige donc qu'on restitue au sentier son
véritable caractère qui est d'être, non pas un bien formant
une propriété spéciale , mais une simple servitude de

passage, qui est manifestée et prouvée par l'existence
même du sentier, que les propriétaires conservent le
droit de supprimer momentanément.

De cette modification au projet, on pourrait tirer la
conséquence que les propriétaires ne seront pas tenus,
indivisément et chacun en proportion de son intérêt, de
l'entretien du sentier, mais que chacun d'eux aurait à
entretenir exclusivement la partie du sentier qui traverse
son champ ou la moitié de la partie qui longe son fonds,
si le sentier sépare deux héritages appartenant à des
maîtres distincts et est formé d'une portion égale de
chaque héritage. Il est vrai que, suivant le droit commun,
c'est à celui au profit duquel existe la servitude, et non à
celui qui en est grevé, qu'incombe la charge des travaux
ou des ouvrages nécessaires pour qu'on puisse en user.
Mais la règle que je propose n'en doit pas moins être admise, par cette quadruple considération : que ceux qui
sont tenus de la servitude du passage sont aussi ceux qui
en profitent ; que les dégradations qui seront faites au
sentier le seront le plus souvent par le propriétaire même
du fonds où se trouve la partie dégradée, par exemple,
en suite du labourage ; que ces dégradations, d'ailleurs,
n'auront presque jamais une grande importance ; et
qu'ainsi il faut s'en tenir à la règle qui, en pratique, offre
incontestablement le plus d'avantages, parce qu'elle est
d'une application plus simple. Il ne faudrait pas, au surplus, conclure de là que, si des dégradations particulières
ou extraordinaires avaient été commises par l'un ou par
l'autre des propriétaires sur une partie du sentier située
sur le fonds d'autrui, celui qui en est l'auteur serait dis-
pensé de les faire réparer à ses frais. Il en serait tenu

comme en serait tenue une personne n'ayant pas le droit d'user du sentier et qui les aurait faites.

Je pense même que tel est le caractère des charges d'entretien et de réparation des sentiers qu'elles devraient en général, et à la différence de celles des chemins, incomber au fermier à titre d'entretien et de réparations locatifs.

Enfin, je trouve blâmable la disposition qui ne permet la suppression des sentiers que du consentement unanime des intéressés, tandis que j'approuvais tout-à-l'heure cette même disposition, en tant qu'il s'agissait des chemins. C'est qu'il y a sous ce rapport une grande différence entre le chemin et le sentier. Le chemin est une propriété qui appartient à chacun des intéressés ; or le droit comme l'équité enseignent qu'un bien qui forme l'objet d'une co-propriété forcée et indivise ne peut être aliéné ou dénaturé sans le consentement formel de chacun des co-propriétaires. J'ajoute que ceux qui seraient d'avis de la suppression ne peuvent se plaindre ; car, quoique le chemin soit destiné au service de leurs propriétés, il en est distinct et il en était distinct, lorsqu'ils ont acquis leurs fonds ; ils seraient donc mal venus à en réclamer le terrain comme partie intégrante de ces fonds. Le sentier, au contraire, faisant partie intégrante du fonds sur lequel il est situé, s'il était supprimé contre le gré de quelques-uns, ceux-ci perdraient bien leur droit de passage ; mais du moins leurs propres biens seraient affranchis du même coup de la servitude qui les grève. Aucune partie de leur propriété ne serait dénaturée ; il y aurait simplement abolition d'une servitude réciproque. En un mot, l'effet caractéristique et dominant de la suppression d'un chemin est le changement de destination

d'une propriété, et, par conséquent, la perte de cette
propriété envisagée sous le rapport de sa destination ;
l'effet caractéristique et dominant de la suppression d'un
sentier n'est que l'affranchissement réciproque des propriétés.

Il ne résulterait pas de là, sans doute, qu'il soit juste
de donner à la majorité des propriétaires le pouvoir de
priver la minorité du droit de passage. Quelque différence
qu'il y ait entre l'effet de la suppression d'un chemin et
celui de la suppression d'un sentier, et quoique celle-ci
soit avantageuse à toutes les propriétés qu'elle affranchit
d'une charge commune, il n'en reste pas moins ceci :
c'est que le droit de passage au moyen du sentier est un
droit, un droit aussi bien que le droit de propriété d'un
chemin, et que, comme tout droit, il ne peut s'éteindre
que par la renonciation volontaire de celui auquel il
compète. Aussi n'ai-je indiqué cette différence que comme
préliminaire d'une considération plus décisive.

Autant les chemins d'exploitation sont généralement
utiles à l'agriculture, autant les sentiers lui sont généralement inutiles ou même nuisibles. Autant il est à désirer
que toutes les propriétés aient leur chemin, autant il est
à souhaiter qu'elles soient débarrassées des sentiers qui
font double emploi avec les chemins. Autant un chemin
est une cause de mieux-value pour les propriétés, autant
un sentier est pour elles une cause de moins-value.
Celui-ci est pour les champs et les prés une cause permanente de dégâts. Le public s'en sert ; et la disposition
du projet qui permet de lui en interdire l'accès n'empê-
chera pas qu'il n'en soit toujours ainsi plus ou moins.
Pendant les temps de pluie, le sentier devient impraticable;
au lieu de le suivre, on marche à côté, on l'élargit, de

sorte que, au lieu d'une largeur de trente ou de quarante centimètres, il acquiert souvent une largeur de deux mètres, de deux mètres et demi, qui, ne fût-elle que momentanée, n'en a pas moins pour conséquence de détruire une partie des herbes ou des blés. Par la même cause, et aussi lorsque, momentanément supprimé par le labour, il est rétabli par le piétinement des passants, il change de direction, et au lieu de traverser le champ en ligne droite, de façon à occuper le moins de terrain possible, il ne le traverse plus qu'en ligne courbe ou en zigzag, toujours au détriment des récoltes. Enfin, lors même que le passage s'exerce dans des conditions normales, les récoltes sont toujours endommagées des deux côtés du sentier. Ajoutons ce point important que, dans certaines localités, le nombre des sentiers est tellement abusif qu'il multiplie ces inconvénients et ces dommages d'une façon vraiment déplorable. Pourquoi, puisqu'il en est ainsi, ceux qui ont seuls le droit d'en user, n'auraient-ils pas la faculté de le supprimer, lorsque le grand nombre d'entre eux est d'avis de cette suppression ? Est-ce qu'ils doivent être paralysés par l'entêtement de quelques récalcitrants dont les propriétés seront également affranchies et qui ne perdront qu'un droit de passage dont l'origine est en général une origine abusive : droit incertain d'ailleurs jusqu'ici, qui pour être vraiment un droit, a besoin de la consécration de la loi positive, et qui est dès-lors, ce semble, susceptible d'être réglementé souverainement par elle, sans qu'elle encoure le reproche de violer des droits acquis. Sans doute il serait désirable que toute décision fût toujours prise par l'unanimité des intéressés. Mais comme il faut traiter humainement les choses humaines, comme exiger l'unanimité équivaut en pratique à exiger l'impossibilité, une majorité respectable doit être assimilée à l'unanimité; dès que d'une part il y a en jeu un intérêt élevé et plus ou moins général et que d'autre part il n'y a point de risque de léser un de ces droits naturels antérieurs ou supérieurs à la loi positive. Je désirerais donc que, pour le plus grand avantage de l'agriculture, on donne ici encore, soit à la majorité des intéressés représentant les deux tiers de la superficie des propriétés traversées par le sentier, soit aux deux tiers des propriétaires représentant plus de la moitié de cette superficie, le droit d'imposer à la minorité la suppression des sentiers.

Deux exceptions cependant viendraient tempérer l'absoluité de cette règle : et toutes deux s'expliquent d'elles-mêmes : l'une, dans le cas d'un fonds auquel on n'aurait d'accès que par le sentier, c'est-à-dire d'un fonds que cette suppression aurait pour effet d'enclaver totalement. Il est clair qu'en pareil cas, le consentement du propriétaire de ce fonds serait nécessaire. L'autre exception aurait lieu, si le sentier présentait, soit une sorte de propriété distincte des fonds sur lesquels il est situé, soit une servitude sur ces fonds, mais affectée à l'usage, non-seulement des propriétaires, mais encore d'autres personnes, à l'usage, par exemple, de la généralité des habitants, comme serait un sentier conduisant de village à village. Dans ce dernier cas, la suppression ne pourrait se faire que par le concours des propriétaires directement intéressés à sa conservation et des conseils municipaux.

On voit par ce qui précède qu'il est opportun de régir par des règles différentes les sentiers et les chemins. D'où il suit qu'il importe de savoir ce que c'est qu'un

13

chemin par opposition au sentier et réciproquement. Or, comme la définition du chemin et celle du sentier n'offrent, quoi qu'en dise l'adage juridique, aucune espèce de difficulté ni de péril , la loi ne doit point abandonner à la doctrine ou à la jurisprudence le soin de les poser. Un chemin est toute voie de communication pouvant livrer passage à un cheval attelé d'une voiture ou d'une charette ; un sentier est un chemin trop étroit pour qu'une charette ou une voiture y puisse passer.

La section du projet qui s'occupe des sentiers et des chemins d'exploitation contient certaines dispositions relatives à la compétence des tribunaux appelés à connaître des contestations concernant ces sentiers et ces chemins. Ces dispositions soulèvent quelques questions ; mais comme celles-ci sont plutôt du ressort de la doctrine que de celui de la loi, je n'en parlerai pas.

IV.

Le parcours et la vaine pâture forment l'objet du titre II du projet du Code rural.

On sait que la vaine pâture est le droit des habitants d'une commune de mener paître leurs troupeaux sur les terres de la commune. Le parcours est le même droit s'exerçant de commune à commune. Le parcours est simple , lorsqu'il a lieu au profit d'une seule des communes sur le territoire de l'autre. Il est réciproque , lorsqu'il a lieu au profit des deux communes , sur leurs territoires respectifs.

Le projet ne mentionne le droit de parcours que pour le déclarer aboli. L'assemblée constituante, dans la loi des 28 septembre — 6 octobre 1791, ne l'avait maintenn que provisoirement ; encore n'en était-il ainsi que du parcours réciproque.

C'est aux agriculteurs à dire jusqu'à quel point le droit de parcours était contraire aux intérêts de l'agriculture. Il me suffit de constater qu'il y a apparence que le législateur fait bien d'affranchir les propriétés d'une charge qu'elles étaient obligées de supporter sans qu'on en voie clairement l'utilité : d'autant qu'ici encore il s'agit d'un droit qui n'a nullement ce caractère sacré que la loi doit respecter, d'un droit que la loi peut supprimer, modifier à son gré. La vaine pâture a au moins ceci de bon qu'elle s'exerce par les bêtes appartenant aux habitants de la commune dans l'enceinte de la banlieue communale, c'est-à-dire sur des terres dont ceux-ci sont en général propriétaires ; c'est en définitive l'ensemble des propriétaires faisant paître leurs bêtes sur les terres qui leur appartiennent. Le parcours au contraire impose aux propriétaires d'une commune l'obligation de recevoir les bêtes des habitants d'une commune différente et, lors même que le parcours est réciproque, leurs propriétés n'en sont pas moins grevées de cette charge, puisque, s'ils voulaient s'en affranchir en renonçant à leur propre droit, ils ne le pouvaient point jusqu'à présent. Il me semble donc que le conseil d'Etat propose avec raison l'abolition du droit de parcours.

Qu'on remarque au surplus que, si une commune, ne possédant qu'une petite banlieue, avait un intérêt réel à faire pâturer ses bêtes sur les terres de la commune voisine, ou que si deux communes trouvaient quelque avantage à faire paître réciproquement leurs bêtes sur leurs territoires respectifs, rien n'empêcherait les propriétaires de traiter entre eux pour stipuler la faculté de parcours, soit à titre de simple tolérance, soit à titre de droit. Ce que le projet supprime seulement, c'est le droit des habitants d'une commune d'envoyer, par cela seul qu'ils sont habitants de la commune, leurs bêtes sur les terres d'une autre commune sans le consentement des propriétaires de ces terres. Il n'entend certainement pas prohiber un parcours qui serait librement consenti par les propriétaires des terrains sur lesquels le pâturage s'exercerait.

Mais il est nécessaire que le législateur intervienne pour règlementer cette convention ou du moins pour fixer la durée du droit de parcours qui serait dans l'avenir le résultat d'un contrat. Quel serait en effet la nature de ce contrat, le caractère du droit de parcours ainsi consenti? Il ne peut être que l'une de ces trois choses : ou bien une propriété partiaire des fonds assujétis au pâturage ; mais ce point de vue me paraît tout à fait inadmissible ; et, s'il était vrai, le contrat devrait être prohibé par le législateur comme emportant partage perpétuel de la propriété et préjudiciable aux intérêts agricoles , ainsi que je le dirai plus tard en parlant de quelques droits et de quelques conventions, encore permises aujourd'hui , et dont l'effet est de scinder une même propriété entre deux maîtres différents. Ou bien, il est une servitude grevant les fonds sur lesquels s'exerce le parcours ; mais cette opinion, pour être plus vraisemblable que la précédente , ne serait cependant pas exacte; si elle l'était, la convention serait entachée d'une nullité radicale , car notre législation civile défend la constitution d'une servitude foncière au profit des personnes ; et telle serait évidemment la servitude de parcours. Ou bien il est un droit *personnel* de jouissance *foncière*, et ce serait effectivement là, je crois, son caractère. Mais une cession de jouissance, quelle que soit la nature de la jouissance, qui serait faite à perpétuité, est incompatible avec l'esprit du droit civil moderne. D'ailleurs, si la perpétuité pouvait être stipulée ou résultait naturellement et implicitement du contrat même, les biens ruraux retomberaient dans l'état que le code rural a pour but de modifier ; et, dans un temps donné, la disposition abolitive du parcours serait éludée. D'ordinaire, les droits personnels de jouissance sur des fonds s'éteignent, quand ils n'ont pas été concédés à temps, soit par la mort du cessionnaire, soit par la transmission des fonds à un autre propriétaire. Mais, comme la nature du parcours et les nécessités par suite desquelles il serait établi, ne se prêteraient guère à l'application de ce principe, il est indispensable, je le répète, que le législateur intervienne ici.

Le droit de parcours est supprimé sans indemnité. On ne saurait considérer comme injuste cette disposition du projet, parce que le parcours est censé s'être établi à titre gratuit et n'être qu'un de ces usages plus ou moins abusifs qui furent si nombreux pendant la période féodale. Il est juste, au contraire, comme le veut le projet, qu'une indemnité soit allouée, lorsqu'il a été établi à titre onéreux.

Toutefois je ne saisis guère — je le confesse — qu'il puisse être question d'une indemnité à payer. Si le parcours est réciproque, il y a naturellement compensation entre les deux communes qui perdent chacune leur droit, à moins qu'on ne suppose que le droit des habitants de l'une des communes soit plus étendu

et plus considérable que celui des habitants de l'autre.
On conçoit effectivement que dans ce cas une indemnité
soit due aux premiers. Seulement il est invraisemblable
que deux communes exerçant le parcours sur leurs territoires respectifs , en jouissent en vertu de conventions
faites à titre onéreux ; tout comme il est invraisemblable
que l'une d'elles seulement ait acquis son droit à titre
onéreux , tandis que l'autre le possédait à titre gratuit.
Lorsqu'il y a réciprocité, il est douteux que le parcours
ait pu naître au profit des deux communes autrement
qu'en suite d'un usage exercé simultanément par chacune
d'elles. L'acquisition du parcours à titre onéreux se comprend au contraire très-bien , lorsqu'il n'est pas réciproque, et de fait il y a plus d'un exemple d'une pareille
acquisition. Mais le parcours simple paraît très-nettement
supprimé par la loi de 1791 ; et comme celle-ci l'a supprimé sans indemnité , il n'est pas admissible que les
auteurs du projet aient entendu accorder une indemnité
à ceux qui avaient continué à en jouir jusqu'à présent
malgré la loi. Il faut dire aussi qu'il y a tel droit de pâturage exercé par une commune sur les terres d'une autre
commune, qui n'a pas le caractère d'un droit de parcours,
mais d'un droit beaucoup plus fort, d'un droit assimilable
à une vraie servitude. Je ferai ultérieurement quelques
observations sur ce droit de pâturage qui peut aussi
appartenir à des particuliers. Je me borne à constater
pour le moment qu'il n'est pas atteint par la disposition
abolitive du parcours et que partant, dans ce cas encore,
il ne saurait être question du paiement d'une indemnité.

On peut donc affirmer qu'il n'y aura lieu à indemnité
que dans des circonstances bien rares et tout à fait exceptionnelles. Mais alors à qui sera-t-elle allouée ? Est-ce

à la commune dont les habitants exercent le parcours ou aux habitants même dont les bêtes paissent sur le territoire de la commune voisine ? Le projet n'en dit rien. Il me semble qu'il ne serait pas juste d'attribuer l'indemnité à la commune, puisque les propriétaires souffriront individuellement de la privation du droit dont ils jouissaient. Il ne me paraîtrait pas plus équitable de l'accorder entièrement aux possesseurs actuels des bêtes, puisque la suppression du droit ne se fera pas exclusivement à leurs dépens, mais encore au préjudice des habitants qui, dans le présent et dans le futur, auraient eu le droit de jouir du pâturage, s'il n'avait pas été supprimé. Il est donc convenable de faire deux parts de l'indemnité ; d'accorder l'une de ces parts à la commune et l'autre aux possesseurs actuels des animaux.

Réciproquement, par qui l'indemnité sera-t-elle payée ? Est-ce par la commune dont le territoire sera affranchi ? Mais si la commune trouve son avantage à affranchir son territoire, il n'en est pas moins vrai que ce sont les propriétaires qui sont le plus directement intéressés à ce que leurs fonds soient dégrevés. Quoi qu'il en soit, l'indemnité, ce semble, doit être à la charge de ceux qui se prévaudront de la disposition abolitive du parcours. Il est possible que la commune ne veuille point en demander la suppression, pour ne pas payer l'indemnité ; et il est certain qu'alors les propriétaires auraient le droit de s'entendre pour la réclamer ; mais dans ce cas, ce serait à eux de payer l'indemnité ; dans le cas contraire, ce serait à la commune.

Le projet décide que l'indemnité sera réglée par le conseil de préfecture. C'est aux tribunaux civils que ce règlement doit être attribué en cas de contestations. Les

questions auxquelles donne lieu cette suppression sont
de leur compétence naturelle, puisqu'il s'agit d'un droit
d'usage, de jouissance, qui, bien que s'exerçant par une
communauté, bien qu'aboli dans un intérêt public, fait
essentiellement partie du droit privé tant à l'égard de
ceux auxquels il compète qu'au regard de ceux contre
lesquels il s'exerce. Le Code forestier l'a compris ainsi :
c'est aux tribunaux et non aux conseils de préfecture
qu'il attribue le règlement des indemnités dues aux habitants des communes en suite de la suppression des
droits d'usage et de pâturage dans les forêts. Pourquoi
le projet se met-il en contradiction avec la règle du Code
forestier, alors que les cas sont analogues et que les
motifs qui indiquent la compétence sont identiques? J'ai
déjà critiqué précédemment l'attribution donnée aux
conseils de préfecture en matière de contestations concernant le défaut d'intérêt des propriétaires appelés à contribuer à l'entretien des chemins ruraux. Si quelqu'un
me reprochait d'être systématiquement hostile à la juridiction administrative, je commencerais par répondre
qu'on n'encourt aucun reproche quand on défend les
vrais principes ; mais je ne nierais pas que cette juridiction ne m'inspire pas la confiance que j'ai dans les juri-
dictions entourées des garanties qui résultent de la composition libre et de l'indépendance du jury ou de l'ina-
movibilité de la magistrature.

Tandis que le droit de parcours est déclaré aboli, le
droit de vaine pâture est au contraire maintenu. Seulement « il peut être supprimé dans tout ou partie d'un
département, les conseils municipaux préalablement
entendus, par une délibération du conseil général ap-

prouvée par un décret de l'empereur rendu en conseil d'Etat. »

Les conseils généraux ont plus d'une fois signalé dans leurs vœux annuels l'opportunité de la suppression du droit de vaine pâture. Il faut penser qu'ils avaient surtout en vue le pâturage qui s'exerce sur les prairies et aussi le droit de parcours, deux points sur lesquels le projet leur donne ample satisfaction. Mais la suppression complète de ce droit ne serait probablement pas une mesure favorable à l'agriculture. Il a des avantages qui ont été très-bien mis en lumière par une des commissions consultatives appelées à délibérer sur l'un des anciens projets du code rural, celle de Douai : « Dans les contrées où, comme dans la nôtre, les propriétés sont très-divisées, si la vaine pâture est absolument interdite, il faudra interdire aux troupeaux de chaque propriétaire ou fermier l'accès même de ses terres après chaque récolte ; .... ou bien il faudra des surveillants pour empêcher que ces bestiaux, en traversant les champs d'autrui, n'en mangent l'herbe. Dans l'un et l'autre cas il deviendra impossible d'élever surtout des moutons, que la vaine pâture nourrit à peu près trois mois de l'année. En peu de temps le nombre de ces animaux serait de beaucoup diminué, le prix des laines augmenté de moitié, et la terre serait privée de l'un des meilleurs engrais. »

Du reste on approuvera la disposition qui, laissant subsister sur les terres arables une vaine pâture qui peut être utile aux habitants des communes et à l'exercice de laquelle les propriétaires ne s'opposent pas, prévoit le cas où il en serait autrement et où par conséquent il y aurait lieu d'en prononcer la suppression. Je me permettrai seulement une réflexion : il me semble que la

14

vaine pâture doit être supprimée par une décision simultanée du conseil municipal et de la majorité des propriétaires représentant la plus grande partie des fonds sujets
à ce droit. Ce n'est que dans le cas de désaccord entre
eux que le conseil général doit être appelé à statuer.

Les dispositions du projet sur la vaine pâture sont
toutes empruntées à la loi du 28 septembre — 6 octobre
1791. Elles déclarent que la vaine pâture ne pourra
s'exercer que dans les lieux où elle est fondée sur un titre particulier, sur une ancienne loi ou coutume ou sur
un usage local immémorial : ce qui est juste, parce qu'on
ne saurait, sans violer le principe du respect dû à la
propriété, grever les terres d'un droit pareil, s'il n'est
pas absolument prouvé qu'il leur incombe effectivement ;
qu'elle ne pourra s'exercer que conformément aux règles
et usages locaux : ce qui est juste encore, parce que cette
prescription doit s'entendre en ce sens que l'exercice ne
doit pas en être rendu plus onéreux pour les propriétés ;
que tout propriétaire ou fermier a la faculté de renoncer
à réunir ses bêtes au troupeau commun et de les faire
garder par troupeau séparé en proportion de l'étendue
des terres qu'il cultive dans la commune : ce qui est un
hommage rendu au principe de la liberté individuelle.
Le projet dispose que « tout chef de famille domicilié,
lors même qu'il n'est ni propriétaire, ni fermier d'aucun
des terrains soumis à la vaine pâture, peut mettre sur les
dits terrains, soit par troupeau séparé, soit dans le troupeau commun, six bêtes à laine et une vache avec son
veau, sans préjudice des droits plus étendus qui lui seraient assurés par un usage local immémorial. » Cette
mesure est dictée par un sentiment d'humanité et aussi
d'équité, car il est équitable de donner à l'instituteur

qui élève les enfants des habitants, au charron, au maréchal ferrant, au garde-champêtre, au berger et enfin aux journaliers et ouvriers ruraux qui rendent des services divers aux agriculturs et à l'agriculture, le moyen d'entretenir quelques bêtes. C'est une autre mesure équitable et susceptible de remplacer avantageusement le droit de parcours que celle qui donne aux propriétaires et aux fermiers étrangers à la commune la faculté de mener leurs animaux au pâturage, en proportion des terres qu'ils possèdent ou cultivent dans la commune. Enfin le droit de vaine pâture est considéré avec raison comme un droit d'usage personnel et en conséquence il ne peut être cédé à des tiers et doit être exercé directement par les ayants-droit.

Je réclamerai seulement la transposition des articles 37 et 38 du projet, de manière que celui-ci soit placé avant celui-là. Le premier de ces textes dispose que tout fermier ou propriétaire peut renoncer au troupeau commun dans les pays où il est en usage et faire garder par troupeau séparé un nombre de têtes de bétail proportionné à l'étendue des terres qu'il exploite dans la commune. Le second ajoute immédiatement : « la quantité proportionnelle à l'étendue du terrain est fixée, dans chaque commune, à tant de têtes par hectare. » Mais cette dernière régle s'applique-t-elle au propriétaire ou au fermier qui usent du troupeau commun, ou bien peuvent-ils, dans ce cas, envoyer au pâturage autant de bêtes qu'ils veulent, et sans égard à l'étendue des terres qu'ils possèdent ou cultivent ? Cette dernière interprétation serait certainement vicieuse : que les bêtes soient réunies au troupeau commun ou qu'elles soient conduites par troupeau séparé, la règle doit être uniforme. Cependant c'est le contraire qui semble résulter de la teneur et du contexte des deux articles précités qui manquent, à coup sur, de précision et de clarté. Il suffit pour y obvier de changer ces articles de place. Le défaut que je signale dans le projet existait du reste déjà dans la loi de 1791. Mais ce n'est pas un motif pour le maintenir. L'intention du législateur doit toujours être manifeste. L'expression de la loi ne doit jamais être amphibologique.

Je remarquerai aussi qu'à deux reprises différentes la cour de cassation a jugé que deux ou plusieurs propriétaires ou fermiers n'avaient pas le droit de s'entendre pour faire paître leurs troupeaux sous la garde d'un berger unique choisi par eux, que la loi ne leur laissait que l'alternative de les réunir au troupeau commun ou de les faire garder, chacun individuellement, par un pâtre distinct. Comme les termes du projet sont identiques à ceux de la loi de 1791, il s'en suit que la jurisprudence de la cour de cassation resterait la même sous le nouveau code rural. Mais quel motif sérieux peut-on invoquer en faveur de cette jurisprudence ? Pourquoi ne pourrais-je pas me concerter avec un voisin ou avec un ami pour faire paître mes bêtes avec les siennes et économiser ainsi les frais d'un gardien ? L'interprétation que la cour suprême donne de la loi me paraît une interprétation pharisaïquement littérale. Mais enfin elle est telle ; et c'est pourquoi le législateur doit statuer, et statuer dans un sens conforme à la liberté et à l'intérêt des agriculteurs.

Le projet décide, comme de juste, que la vaine pâture ne peut s'exercer que sur des terres entièrement dépouillées de leurs récoltes ; mais il est muet sur un point prévu par la loi de 1791 au titre de la police rurale. Cette loi voulait que les troupeaux ne fussent menés aux champs

que deux jours seulement après la récolte ; ce qui me
paraît sage, puisqu'il en résulte d'une part que les cultivateurs auront le temps d'aller ramasser ce qui peut
être resté sur les champs, et que d'autre part les pauvres
auront le loisir de glaner utilement. Je crois donc qu'il
convient de reproduire cette disposition dans le code rural et dans le titre *du parcours et de la vaine pâture* où se
trouve sa véritable place.

Le projet diffère encore de la loi précitée en ce qu'il
abolit complétement la vaine pâture, non seulement sur
les prairies artificielles, mais encore sur les prairies naturelles. Cette loi l'avait maintenu sur ces dernières
prairies, mais elle avait elle-même déclaré que ce nétait
que provisoirement. C'est la vaine pâture sur les prairies
qui prêtait le plus le flanc aux critiques ; car, indépendamment du désagrément général que cause aux propriétaires toute charge établie sur leurs propriétés, ce droit
empêchait jusqu'à présent les cultivateurs de couper la
troisième herbe des prés artificiels, et, pour les prés naturels, livrait au pâturage des bêtes appartenant à autrui
des terrains laissés par les propriétaires dans leur état
naturel, précisément afin de les consacrer à la pâture de
leurs propres bêtes : de telle sorte que le pâturage sur
sur un pré naturel équivalait en un sens au pâturage
exercé sur des prés artificiels non fauchés ou sur des
champs non dépouillés de leurs récoltes. De plus, les
prairies naturelles comme les prairies artificielles, quoique le pâturage des bestiaux exercé modérément leur soit
utile, se dégradent, si les bestiaux y séjournent trop
longtemps. Quant à la pâture des bêtes à laine, elle est
désastreuse pour les prés. On reconnaîtra donc que c'est
judicieusemeut que le conseil d'Etat propose de confon-

dre dans la même abrogation l'usage de ce droit tant sur les prés naturels que sur les prés artificiels.

Les dispositions de la loi de 1791 et du code Napoléon relatives au droit du propriétaire de soustraire, au moyen de la clôture , ses propriétés à l'exercice de la vaine pâture, et sous cette condition qu'il perd lui-même son droit de pâturage en proportion du terrain qu'il y soustrait, sont reproduites ou plutôt mentionnées dans le projet.

A cet égard je présenterai l'observation que voici : il ne serait peut-être pas inutile, surtout en présence de l'article du projet qui consacre les usages locaux reçus en matière de vaine pâture , de déclarer d'une matière générale que son exercice ne privera les propriétaires d'aucun droit inhérent à la propriété, quelque soit l'obstacle ou l'inconvénient qui en résulte pour la pâture. Si cette règle est d'une vérité incontestable pour la plupart des droits qui résultent du droit de propriété, pour celui d'enlever les herbes et les plantes croissant naturellement sur les champs après la récolte ou celui de labourer à telle époque que l'on juge convenable aussi bien que pour celui de se clore, elle peut, dans certains cas, laisser la porte ouverte aux difficultés, et c'est pourquoi il ne serait peut-être pas superflu de l'insérer dans le code rural. Ainsi, si un propriétaire , non domicilié dans la commune où sont situés ses champs sur lesquels s'exerce la vaine pâture, ne veut pas user du bénéfice qui lui est accordé d'y prendre part, mais préfère conduire ses bêtes sur les champs qui lui appartiennent, non en vertu de son droit de vaine pâture, mais en vertu de son droit de propriété, il me paraît juste de lui donner le pouvoir de s'opposer à ce que le troupeau de la commune ou les troupeaux

séparés de certains de ses habitants s'emparent de son
champ au moment où il est occupé par son propre troupeau. Ainsi encore, tout propriétaire doit, ce me semble,
avoir le droit de défendre aux bergers ou aux gardiens
des troupeaux de mener les bêtes sur les trefflières ou
les luzernières dont il se propose de couper les troisièmes
ou même les quatrièmes herbes, sauf au conseil municipal à réduire son droit de pâturage, comme au cas
d'établissement d'une clôture, si son opposition est permanente et a pour résultat d'affecter d'une manière sensible la jouissance de l'ensemble des habitants.

Je ne sais même pas s'il ne serait pas opportun de
supprimer la vaine pâture sur les trefflières et les luzernières, de même que sur les prairies ; je laisse à de plus
compétents le soin de le décider.

Quant à la clôture, le titre complémentaire contient
un article destiné à être inséré dans le code Napoléon et
indiquant les conditions dans les quelles elle doit être
faite. Je me borne à renvoyer au projet sur ce point, en
faisant remarquer que ses dispositions sont plus favorables au propriétaire qui veut se clore que celles de la loi
de 1791 sur lesquelles elles sont calquées. J'ajouterai
que, s'il n'est pas nécessaire que le code rural dise,
comme le faisait cette dernière loi, que les murs, les pa-
lissades doivent avoir une barrière ou une porte, puisque
la chose va en quelque sorte de soi et résulte d'ailleurs
de ces termes généraux du projet « toute autre clôture
permanente *faisant obstacle à l'introduction des animaux*, » il importerait au contraire beaucoup, pour
éviter des contestations à peu près certaines, qu'il dise si,
dans le cas où la clôture consiste en un fossé, il faut que
le fossé n'ait aucune solution de continuité et que le pro-

priétaire ne puisse pénétrer dans son fonds qu'au noyen d'un pont levis, ou si au contraire la clôture n'en existera pas moins légalement, quoique le fossé soit interrompu sur un espace de trois ou quatre mètres destiné au passage des voitures. Comme la première de ces règles présenterait en pratique trop d'inconvénients et que, si la seconde était adoptée, il n'y aurait réellement pas de clôture, puisque rien ne s'opposerait à l'entrée des animaux, il est bon que la loi décide que le propriétaire pourra interrompre le fossé en autant d'endroits qu'il lui conviendra pour se ménager toutes les ouvertures qui lui seraient utiles, mais à charge d'établir une barrière à chaque passage. Je signalerai enfin la disposition qui veut que, si la clôture consiste en une haie vive, cette haie ne soit établie qu'à la distance de cinquante centimètres de l'héritage voisin. Le projet, au lieu d'indiquer cette distance en toutes lettres, l'indique en chiffres; mais peut-être faut-il lire $0^m,30$ et non 0^m50. S'il n'y a donc là qu'une erreur typographique, je n'ai rien à dire sinon qu'il ne faut pas oublier de la rectifier ; mais si les rédacteurs du projet ont réellement écrit et voulu écrire *50* centimètres, ils ne se sont pas aperçus qu'ils se mettaient en contradiction avec eux-mêmes. Nous avons vu précédement que, dérogeant au code Napoléon, ils fixaient dorénavant à *trente* centimètres la distance qui doit exister entre la limite des propriétés voisines et les arbrisseaux, les arbustes, et généralement tous les arbres dont la hauteur est inférieure à deux mètres. Les haies ordinaires, qui sont presque toujours, sinon toujours, composées d'arbrisseaux d'une hauteur inférieure, peuvent donc être plantées à cette distance de trente centimètres, et l'on chercherait en vain la raison qui ferait fixer une distance différente pour les haies servant de clôture.

Je dois m'arrêter sur une disposition du projet (article 42) qui semble énoncer que la clôture construite par le propriétaire n'affranchit pas sa propriété de la vaine pâture, si celle-ci est fondée sur un titre. Or ce serait là une règle toute nouvelle dont on chercherait en vain quoi qu'en aient pensé un ou deux auteurs isolés dans leur opinion, une trace, un indice quelconque soit dans la loi de 1791, soit dans le code Napoléon, Je ne puis admettre que les rédacteurs du code rural aient effectivement voulu le poser. En 1791 il eût été possible (mais à mon avis, on l'eût fait à tort) de distinguer entre la vaine pâture fondée sur un titre et celle qui était fondée simplement sur l'usage. Le code civil aurait pu encore établir cette distinction. Mais déclarer aujourd'hui que la clôture cessera dorénavant d'affranchir les propriétés du droit de vaine pâture fondée sur un titre, alors que, depuis quatre-vingts ans, il paraissait certain que ce droit, quelle que fût son origine, venait expirer devant la clôture, ce serait en vérité quelque chose d'incompréhensible. Et cela devient tout-à-fait inconcevable, lorsqu'on considère que le projet est rédigé dans un sens restrictif et peu favorable au droit de vaine pâture. Il n'y a évidemment ici qu'un malentendu ou qu'une maladresse.

Ce qui me confirme dans cette pensée, c'est un autre article du projet (article 44) qui porte : « entre particuliers, tout droit de vaine pâture fondé sur un titre est rachetable. » Mais je demanderai ici aux membres du conseil d'État ce qu'ils font des droits de vaine pâture entre particuliers non fondés sur un titre. Ces droits n'ont pas été abolis jusqu'à présent ; la loi de 1791 les con-

serve expressément. Le conseil d'Etat a-t-il l'intention
de les supprimer? Dans ce cas il est nécessaire qu'il manifeste cette intention par un texte formel. Veut-il dire
qu'ils ne peuvent pas être rachetés, tandis qu'ils peuvent
l'être, s'ils sont fondés sur un titre? non ; car ce serait
absurde.

A mon sens donc — et il faut bien que je prenne la
liberté de le dire — les rédacteurs du projet ont reproduit d'une manière obscure et maladroite des dispositions très-rationnelles, très-claires, de la loi de 1791.
Cette loi statuait, dans un de ses articles, que la clôture
anéantirait le droit de vaine pâture entre particuliers, si
ce droit n'était pas fondé sur un titre ; puis, elle ajoutait,
dans un article suivant, que s'il était fondé sur un titre,
il était rachetable. Qu'on remarque bien qu'il n'y s'agit
que de la vaine pâture entre particuliers et que ces deux
dispositions sont intimement liées entre elles : la vaine
pâture entre particuliers disparaît devant la clôture,
quand elle n'est pas fondée sur un titre ; quand elle est
fondée sur un titre, elle subsiste, malgré la clôture, jusqu'au rachat : voilà l'économie de la loi de 1791. Mais
jamais les auteurs de cette loi n'ont songé à maintenir,
avec ou sans faculté de rachat, et malgré la clôture, le
droit de vaine pâture exercé, non par un ou plusieurs
particuliers à titre individuel, mais par tous les habitants
d'une commune, en tant qu'habitants de la commune, sur
les terres d'un propriétaire.

Eh bien ! ce sont ces deux dispositions, dont l'une
n'est, dans la loi de 1791, que le corollaire de l'autre,
qui se trouvent divisées et séparées dans le projet du nouveau code, de sorte qu'elles y ont une signification toute
différente de celle qu'elles avaient originairement, et sont

en même temps incomplètes. Le projet doit donc être modifié, ainsi qu'il suit : de l'article 42, il faut supprimer ces mots : « si le droit n'est pas fondé sur un titre » car cet article ne concerne par la vaine pâture entre particuliers. Par contre, il convient d'y ajouter ceux-ci : « Dans ce cas il est dû une indemnité aux ayants-droit, si le droit a été acquis à titre onéreux » ; car il est juste que, si la commune a acheté d'un particulier le droit de pâturage, celui-ci ne puisse affranchir sa terre sans indemniser la commune. Quant à l'article 44 qui s'occupe de la vaine pâture de particulier à particulier, il faut y exprimer que la clôture, contrairement à ce qui a lieu pour la vaine pâture communale, laisse subsister ce droit entre particuliers, lorsqu'il est fondé sur un titre ; mais que, dans tous les cas, qu'il y ait clôture ou non, ce droit est toujours rachetable. Il faut même aller plus loin et le déclarer rachetable, quoiqu'il ne soit pas fondé sur un titre, lorsque le propriétaire qui est obligé de le subir veut s'en rédimer sans se clore. On comprend du reste très-bien que la vaine pâture soit maintenue malgré la clôture, lorsqu'elle s'exerce au profit d'un particulier contre un autre particulier, tandis qu'il en est différemment du droit collectif des habitants de la commune. Dans ce second cas, quoiqu'il y ait un titre, il ne s'agit que d'un de ces usages autrefois si nombreux, si abusifs, si onéreux pour la propriété et dont la suppression, bien qu'elle se fasse envers et contre tous les habitants qui en jouissaient, ne viole, à vrai dire, aucun droit privatif. C'est moins la suppression d'un droit que celle d'un usage funeste. Dans le second cas, au contraire, l'existence du titre prouve une constitution de servitude personnelle établie par convention au profit d'un ou de plusieurs particuliers ; cette servitude ne doit donc pouvoir s'éteindre que par le consentement respectif de celui qui l'exerce et de celui qui la subit ou moyennant une indemnité, si l'utilité publique exige sa suppression. Par contre, cette suppression ne serait pas susceptible d'être prononcée par une décision du conseil général et voilà précisément pourquoi il importe que le code rural déclare tout droit de vaine pâture entre particuliers essentiellement rachetable.

L'article final du titre consacré à la vaine pâture contient une autre inexactitude, qui est également le résultat d'une copie maladroite de la loi de 1791, lorsqu'il parle de l'action en cantonnement de la part des propriétaires des biens soumis à la vaine pâture et qu'il renvoie à cet égard aux articles 63 et suivants du code forestier. La loi de 1791 réservait le droit de cantonnement aux propriétaires. Mais à cette époque le cantonnement pouvait se faire — ainsi que cela résulte d'une loi de 1790 à laquelle se réfère la loi de 1791 — non seulement contre ceux qui avaient dans les forêts un droit d'usage en bois, mais encore contre ceux qui y avaient toute autre espèce de droit de jouissance, tel que celui de pâturage. Il n'en est plus de même aujourd'hui : le code forestier dispose expressément que les droits de pâturage dans les forêts ne pourront plus être convertis en cantonnement ; qu'ils pourront seulement être rachetés. C'est le prescrit de l'article 64 de ce code. C'est donc à cet article 64 et non à l'article 63 que le projet devait renvoyer. Mais ce renvoi même est inutile, puisque le projet, quand sa rédaction sera corrigée, suivant les observations que j'ai faites, dira précisément ce que dit l'article 64 du code forestier.

Il est manifeste, au surplus, que si un droit de vaine pâture était établi d'ancienne date sur des terres autres que des terres forestières, dans des lieux dont la coutume donnait au propriétaire l'action en cantonnement, cette action lui appartiendrait encore aujourd'hui. Et la règle serait la même sous ce rapport, soit que la vaine pâture s'exerçât au profit d'un particulier, soit qu'elle s'exerçât au profit d'une commune. Tout cela résulte des dispositions combinées de la loi de 1791 et de la loi de 1790 et même de l'article du nouveau code qui maintient les anciens usages sur l'exercice de la vaine pâture.

Il y a mieux : une loi du 28 août-14 septembre 1792 accorde l'action en cantonnement aux usagers aussi bien qu'aux propriétaires. Si cette règle devait par aventure s'appliquer au droit de vaine pâture, il serait nécessaire que le législateur avisât, car l'action en cantonnement dirigée contre les propriétaires par ceux qui jouissent du pâturage serait aujourd'hui quelque chose d'exorbitant.

On voit, par ce qui précède, que, si je ne suis pas moi-même le jouet d'une singulière illusion, le dernier article et l'article antépénultième du titre que je viens d'apprécier accusent peu de réflexion et beaucoup de précipitation de la part de ceux qui les ont rédigés comme de la part de ceux qui les ont convertis en projet de loi.

V.

Trois articles, dont l'un concerne le ban des vendanges, dont l'autre abroge la loi qui interdit la vente des blés en vert et dont le dernier est relatif à la durée de l'engagement des domestiques et des ouvriers ruraux, forment l'objet du titre III et se trouvent placés sous la rubrique assez pompeuse : *dispositions générales sur l'exploitation de la propriété rurale.*

Le conseil d'Etat n'a pas jugé à propos de reproduire l'article 2 du titre 1 de la loi de 1791, qui porte : « Les propriétaires sont libres de varier à leur gré la culture et l'exploitation de leurs terres, de conserver à leur gré leurs récoltes et de disposer de toutes les productions de leurs propriétés dans l'intérieur de la France et au dehors, » sans doute parce que ces droits sont devenus inattaquables. Cependant ces principes, si clairs et si certains qu'ils soient, n'eussent peut-être pas fait mauvaise figure dans un code qui doit poser les règles fondamentales du droit rural. Et leur place eût été naturellement dans le titre dont je m'occupe en ce moment.

Quant aux dispositions contenues dans ce titre, j'ai plusieurs choses à en dire.

A l'égard de la durée de l'engagement des domestiques et du louage des services des ouvriers ruraux, le projet prend le seul parti qu'il y avait à prendre raisonnablement : il décide que cette durée sera, sauf convention par écrit, réglée suivant l'usage des lieux. L'établissement de règles uniformes choquerait inutilement les habitudes et conduirait dans la pratique à des applications injustes. La disposition du projet complète les prescriptions du Code Napoléon sur le louage des domestiques et des ouvriers ; mais il conviendrait d'y ajouter que c'est également d'après l'usage des lieux que sera réglé par le juge, en cas de contestation et en l'absence de documents écrits, le taux du salaire des ouvriers et des domestiques. Le complément que je propose serait très-utile par suite

de l'abrogation récente de l'article 1781 du Code Napoléon.

Le projet, en s'occupant des domestiques et des ouvriers ruraux, me fournit l'occasion — que je m'empresse
de saisir, parce que je ne la retrouverais pas ailleurs —
de demander, dans l'intérêt des propriétaires et des cultivateurs, la révision de l'article 1384 du Code civil. Cet
article dispose que les maîtres sont responsables du
dommage causé par leurs domestiques et par leurs journaliers dans l'exercice de leurs fonctions. Et cette responsabilité leur incombe sans qu'ils soient admis à prouver qu'ils n'ont pu empêcher le fait dommageable. Une
pareille règle n'est plus compatible avec les mœurs de
notre temps ; elle est trop rigoureuse ; elle peut rendre
intolérable la position des cultivateurs qui ont besoin de
s'aider, dans leur exploitation, de journaliers ou de domestiques. Les ouvriers ruraux manquent partout. Les
agriculteurs n'ont plus la faculté de les choisir ; ils sont
obligés d'accepter ceux qui se présentent, heureux de
pouvoir en trouver, heureux aussi de ne pas s'entendre
imposer des conditions trop onéreuses ! On ne saurait sans
doute blâmer tel ou tel ouvrier qui déserte les travaux
agricoles pour aller chercher dans les villes un salaire
plus élevé. Bien que cette augmentation de salaire lui
soit rarement profitable, à lui et à sa famille, il obéit à
une tendance trop naturelle pour ne pas être excusable.
Mais ce qui est profondément répréhensible, c'est que
cette tendance désastreuse ait été favorisée outre mesure
par ceux-là mêmes dont le devoir était de la réfréner et
qui ne sauraient plus tarder, sans encourir une immense
responsabilité devant le pays, à suivre d'autres errements. D'un autre côté, il faut savoir envisager avec sang-

froid cette émancipation de plus en plus accentuée des
salariés, qui leur permet de traiter avec les propriétaires
d'égal à égal. Il se peut que la nouvelle organisation du
travail, que la nouvelle condition des travailleurs, qui
s'élaborent sous nos yeux, ne triomphent et ne s'établissent définitivement qu'au prix de terribles secousses
et de douloureux déchirements. Et néanmoins c'est sans
effroi comme sans étonnement qu'il faut voir passer cet
immense courant libéral et égalitaire qui emporte le
siècle : sans effroi, parce que, quelles que soient les ca-
tastrophes particulières et momentanées qui en seront
peut-être la conséquence, l'esprit démocratique qui anime
les sociétés modernes est légitime ; sans étonnement,
parce qu'il est impossible de voir dans cet esprit autre
chose que la continuation, sous une forme toujours
changeante et même toujours progressive — malgré des
arrêts ou des reculs éphémères, plus souvent du reste
apparents que réels, et des perversités plutôt individuelles
que sociales — autre chose, dis-je, que la continuation
de cet esprit de progrès, de cette marche en avant, qui
date du christianisme, qui depuis le christianisme ne
s'est jamais arrêtée et qui est probablement destinée à ne
plus s'arrêter jamais. Applaudissons donc plutôt au règne
de ces principes de liberté, d'égalité et de fraternité qui,
quoi qu'on fasse, s'empareront de plus en plus du monde ;
mais en même temps sachons apprécier les conséquences
de la situation dans laquelle nous nous trouvons actuellement et ne laissons pas subsister, dans la sphère du
droit civil, des règles qui ne sont plus en harmonie avec
cette situation. Or, si autrefois la règle de l'article 1384
était sage, en ce qu'elle forçait en quelque sorte les maîtres à faire un bon choix de serviteurs, elle devient

inique, du moment que ce choix est impossible et que le
maître, contraint de prendre à ses gages les premiers
venus, est trop souvent lui-même la première victime, la
victime directe de leurs méfaits. Qu'on interroge là-dessus les agriculteurs : je suis sûr que pas un ne me dé-
mentira. Qu'on l'entende bien cependant ; je ne réclame
pas la suppression complète de la responsabilité des
maîtres. Cette responsabilité est un principe salutaire
qu'il importe de maintenir pour stimuler leur vigilance
et les empêcher de s'endormir dans une incurie réprou-
vée par l'ordre public. Je demande seulement que le
maître en soit déchargé, lorsqu'il est en mesure de prouver qu'aucune faute ne lui est imputable, parce que,
d'une part, il n'a pas pris à son service un ouvrier ou un
domestique notoirement mal famé ou d'une conduite
équivoque et suspecte, et que d'autre part le fait dommageable est tel qu'il n'était pas susceptible d'être prévu
et empêché par lui. Je demande en un mot que la restriction qui limite la responsabilité civile des parents et
des instituteurs lui soit étendue. Et n'est-ce pas une
chose choquante et contradictoire que l'absolue et rigoureuse responsabilité des maîtres devant la responsabilité
relative et conditionnelle des parents ? S'il est une responsabilité civile qui doive être pleine et entière, ce
n'est certes pas celle des premiers, mais bien plutôt celle
des seconds ? parce que il est juste que ceux-ci répondent dans une certaine mesure des faits dommageables
qui sont la suite ou d'un défaut de surveillance toujours
obligatoire pour les parents ou même de l'éducation
plus ou moins mauvaise qu'ils ont donnée à leurs enfants : tandis que rien de pareil n'est imputable aux maîtres.

Ce n'est donc pas seulement l'équité, c'est la logique qui exige que l'article 1384 soit retouché.

Il paraît qu'on a réclamé, dans l'enquête agricole, l'obligation pour les ouvriers ruraux d'être munis d'un livret. Mais on serait mal venu à se faire l'écho de cette réclamation, en présence du projet dont va être saisi le Corps législatif et dont le but est d'abroger la loi du 22-26 juin 1854 qui impose le livret aux ouvriers manufacturiers. Je ne suis pas d'ailleurs partisan du livret obligatoire. Mais il est incontestablement à désirer que l'usage du livret facultatif entre ou reste dans les habitudes des patrons et des ouvriers ruraux aussi bien qu'industriels. Une disposition relative au livret des ouvriers ruraux et conçue en ce sens ne serait donc pas déplacée dans le code rural.

Le décret du 6 messidor an iii avait prohibé, sous peine de confiscation des objets vendus, la vente des grains en vert et pendants par racines. Cette prohibition qui fut édictée aux plus mauvais jours de la période révolutionnaire et qui se rattachait aux lois du *maximum* et aux mesures destinées à empêcher les fameux accaparements par lesquels, prétendait la niaiserie des sansculottes, on voulait affamer le peuple, a été depuis longtemps jugée et condamnée par la science économique. Outre qu'à l'époque même où elle a été portée, elle n'a pas produit le résultat qu'on en attendait, parce qu'elle ne pouvait pas le produire, elle ne saurait plus être qu'une entrave nuisible à la liberté des transactions et à la satisfaction des besoins les plus impérieux des cultivateurs. On félicitera donc les rédacteurs du code rural d'avoir songé à en débarrasser l'agriculture.

Le ban des vendanges ne s'est pas maintenu jusqu'à
nos jours comme un vestige abusif du régime féodal,
ainsi que certains le prétendent ridiculement. S'il a
trouvé grâce devant l'assemblée constituante qui a cependant veillé avec un soin si jaloux à l'affranchissement de
la propriété, s'il est encore en vigueur presque partout
— tandis que sont tombés tous les autres droits, tous les
autres usages que la levée de la dime opposait à la libre
rentrée des récoltes et qu'on a vu disparaître toutes les
prohibitions dont le but était de garantir la maturité des
fruits et la bonne qualité des produits — c'est qu'il est
utile, nécssaire même dans une foule de localités pour
assurer la garde et la surveillance des vignes et des raisins. En Alsace, par exemple, où le cep atteint une grande
hauteur, où les vignes sont agglomérées dans un même
canton de façon à présenter l'aspect de véritables forêts
et où aussi elles sont situées le plus ordinairement sur
les montagnes ou sur les collines, le ban de vendange, à
moins de décupler le nombre des gardes champêtres,
est à peu près le seul moyen de protéger le raisin, à
l'époque de sa maturité, contre le vol et le maraudage.
Ailleurs, il est vrai, son opportunité peut être moindre.
C'est pourquoi j'approuve le projet qui, tout en le maintenant, dispose très-sagement qu'il peut être supprimé
par une délibération du conseil municipal. Ce sont en
définitive les propriétaires qui savent le mieux s'il est de
leur intérêt de le conserver ou de le supprimer ; et le
conseil municipal est leur organe naturel.

Mais il serait à souhaiter que la rédaction définitive de
la loi fût conçue en termes plus amples et plus généraux,
attribuant clairement au conseil municipal le droit d'établir
ou de supprimer, à son gré et selon l'occurrence, le ban

des vendanges. La rédaction actuelle du projet donne à entendre que le ban, une fois supprimé, n'est plus susceptible d'être rétabli par une décision contraire du conseil. Or l'expérience peut venir démontrer que c'est bien à tort qu'on en a prononcé la suppression. Il faut donc que le conseil ait le pouvoir de le rétablir. En outre, il est probable que la culture de la vigne s'étendra de plus en plus en France et que de vastes terrains de cantons où il n'y en a pas encore trace seront dans un temps donné convertis en vignobles. Or là aussi, où le ban de vendanges n'existe pas et ne peut pas exister actuellement, il sera peut-être opportun de l'établir dans la suite. Il convient donc de donner la plus grande latitude aux conseils municipaux.

Si le ban n'est pas supprimé, il est réglé chaque année, dit le projet, par un arrêté du maire. Ce n'est pas par un arrêté du maire, c'est par une décision du conseil municipal qu'il doit être réglé. Le maire ne peut, aussi bien que les cultivateurs siégeant au conseil ou représentés par lui, apprécier la maturité du raisin, connaître le moment précis où il est convenable d'en faire la récolte, se rendre compte des circonstances spéciales qui exigent quelquefois que l'on hâte ou que l'on diffère au contraire la vendange. S'il était au choix des électeurs, il y aurait moins d'inconvénients à lui attribuer le règlement du ban; mais aujourd'hui qu'il est bien plus l'homme du pouvoir que celui de la commune, quelle raison y a-t-il pour mettre ce règlement dans ses attributions? Il n'appartient au maire que de faire publier et exécuter la décision du conseil. Je sais bien d'ailleurs que la teneur du projet sur ce point ne fait que se conformer à la législation existante. Mais on peut changer et le projet

et cette législation avec d'autant plus de facilité que,
dans un grand nombre de communes, l'usage, plus sensé
que la loi, veut que le ban soit réglé par le conseil municipal.

Je n'approuve pas l'exception portée par le projet en
faveur des vignes closes, exception reproduite de la loi
de 1791, ou du moins je ne l'approuve que moyennant
une distinction qu'il faudrait y introduire. Lorsqu'il s'agit
de vignes isolées dans les champs ou de vignes faisant
partie de jardins, je comprends que la clôture ait pour
effet de rendre au propriétaire la plus complète liberté.
Mais qu'il s'agisse d'une vigne située au milieu de cen-
taines d'autres, la clôture dont on l'entourera n'en lais-
sera pas moins subsister, à l'égard des autres vignes,
tous les inconvénients et tous les périls qui nécessitent
le ban des vendanges. Je ne dis pas assez; elle les aug-
mentera considérablement; car, si un propriétaire malhonnête voulait voler les raisins de ses voisins, il trouve-
rait précisément dans la clôture de sa propre vigne un
moyen de le faire avec plus de facilité, puisqu'il aurait
la faculté d'y pénétrer en tout temps et par là même la
possibilité de déjouer aisément la surveillance. Comment
donc admettre qu'il suffise à un propriétaire de planter
une légère palissade ou de creuser un petit fossé autour
de sa vigne pour se soustraire aux obligations qui pèsent
sur tous les autres propriétaires? Comment ne pas voir
que l'exception tirée de la clôture est bien moins un
hommage de respect envers la propriété qu'un moyen
pratique d'éluder la loi sur le ban des vendanges, mis à
la disposition de quiconque veut s'en servir dans un but
coupable? Comment ne pas voir que, si l'un ou l'autre
des propriétaires s'entoure d'une clôture dans un endroit où

le ban est réputé nécessaire, les autres seront quelquefois
contraints de creuser autour de leurs vignes un fossé, afin
d'avoir les mêmes droits et la même liberté que ceux qui
leur en ont donné l'exemple et surtout afin de pouvoir
surveiller ces derniers? Il résultera de là que le ban de
vendange sera complètement supprimé de fait, alors cependant qu'il serait urgent de le conserver, au jugement
de l'immense majorité des propriétaires qui ne se sont
clôturés que malgré eux en quelque sorte. J'estime donc
que sur ce point encore il y a lieu de modifier le projet
et la loi de 1791. La disposition de cette dernière loi se
ressent de l'époque où elle a été faite. L'assemblée constituante a voulu détruire à tout jamais les obligations
diverses qui incombaient à la terre sous le régime féodal
et elle a pensé que l'affranchissement de la propriété ne
serait pas régulier et complet, qu'il contiendrait encore
des germes de retour vers le passé, si le propriétaire
n'était pas maître absolu chez lui et pouvait se trouver
gêné dans son exploitation alors même qu'il sous-
trairait, pour ainsi dire, son domaine au regard et à la
main du public. Mais aujourd'hui que le territoire est
bien et définitivement affranchi, que toute entreprise
contre la liberté de la terre serait aussi ridicule qu'im-
puissante, il me semble qu'il y aurait de l'enfantillage à
continuer à regarder, au moins dans la circonstance dont
il s'agit, la clôture comme une chose sacrosainte. Je
respecte autant et plus que qui que ce soit — je l'ai
prouvé dans cette étude même — et la liberté des propriétaires et les droits de la propriété. Mais je ne comprends plus la distinction que l'on veut établir entre les
propriétés, suivant qu'elles sont closes ou non closes, du
moment que d'un côté la conservation de la récolte com-

mune exige que les unes aussi bien que les autres
soient soumises à la même règle et que d'autre part il est
incontestable que la règle qui restreint la liberté du propriétaire est commandée par l'intérêt public.

Je remarque que le livre I du projet du Code rural ne
s'occupe nulle part du glanage. Il n'est pas présumable
cependant que ses auteurs aient renvoyé cette matière
au livre qui sera consacré à la police rurale. Ce livre ne
doit s'en occuper que relativement aux infractions qui
seraient commises dans l'exercice du glanage. Quant au
fond même de ce droit, c'est dans le livre *du régime du
sol* que se trouve la place de sa règlementation. On pourrait en parler dans le titre III à la suite de l'article qui
concerne le ban des vendanges.

De même, en effet, que pour le ban des vendanges,
j'estime qu'il n'y a guère qu'un mot à dire du glanage et
de ses diverses espèces (glanage proprement dit, grapil-
lage, ratelage, chaumage) : et c'est aussi pour donner
simplement aux conseils municipaux le droit de le conserver ou de le supprimer à leur gré. Le supprimer complètement et partout par voie législative ne me paraîtrait
pas possible ni surtout équitable. Dans bien des endroits,
il est pour les pauvres une ressource qu'il serait inhumain
de leur enlever. Par contre, dans d'autres lieux, surtout
dans les environs des grandes villes, là où les bras font
défaut à la culture, où tout ce qui est valide trouve toujours un emploi et du travail, le droit de glanage est
inutile et même funeste, car il n'est le plus souvent
qu'une cause de dégats et qu'une occasion de vol. Les
corps municipaux sont seuls capables d'apprécier s'il est
opportun de le maintenir ou non, comme aussi de dé-

terminer les conditions sous lesquelles il sera toléré et relatives soit aux époques soit au mode de son exer‑ cice, suivant la nature des produits et des récoltes.

Il paraîtrait cependant que le chaumage (qui est le droit d'enlever les chaumes après la récolte) serait utile‑ ment prohibé d'une manière absolue et par la loi elle‑ même, parce qu'il est toujours et nécessairement préju‑ diciable à l'agriculture, en privant la terre d'un excellent engrais. C'est encore un point sur lequel, faute de com‑ pétence suffisante, j'appelle l'attention des agriculteurs.

Dans tous les cas, il est clair que le glanage doit être interdit sur les propriétés légalement clôturées et qu'il ne doit jamais être un obstacle à l'exercice des droits légitimes des propriétaires. Cette dernière observation est très-importante devant la jurisprudence de la Cour de cassation, qui décide que les propriétaires ne peuvent mener leurs propres bêtes dans leurs champs que deux jours après l'enlèvement complet des récoltes. Une loi soucieuse du respect de la propriété ne saurait tolérer une pareille jurisprudence.

VI.

Afin de mettre à la disposition de l'agriculture les conventions dont elle peut avoir besoin, en fixant les principaux effets qui y auraient été vraisemblablement attachés par les parties, si celles-ci les avaient prévus et s'en étaient expliqués, le nouveau code complète, corrige ou modifie les règles de certains contrats civils, insuffi‑ samment réglés par le code Napoléon. Tel est l'objet des titres IV et V, dont les innovations me paraissent géné‑ ralement heureuses.

Le titre IV s'occupe du métayage ou colonage partiaire, bail qui avait été indiqué plutôt que réglementé par le code civil. Il décide équitablement que, à défaut de stipulation ou d'usage contraires, les fruits et les produits se partagent par moitié entre le propriétaire et le métayer. C'est aussi une règle sensée que celle qui accorde à ce dernier, toujours à défaut de clause contraire, la jouissance exclusive des jardins annexés à la maison d'habitation de la métairie : la jouissance des jardins est l'accessoire et le corollaire de la jouissance de la maison d'habitation, car c'est en vue de l'habitation qu'ils ont été établis. De même, aucune objection sérieuse ne s'élève contre le droit exclusif du colon aux produits de l'émondage des haies et des arbres : ainsi que les produits du jardin, ils sont naturellement destinés aux besoins de l'habitation. Tout cela au surplus est une compensation légale accordée au métayer pour l'obligation dont il est tenu de résider dans les bâtiments de la métairie. Quant à cette obligation, elle se justifie doublement : elle garantit que la métairie sera gardée avec plus de soins ; elle assure l'entretien des bâtiments qui se détériorent par l'inhabitation : de sorte que la loi, en l'imposant au colon, se met d'accord avec la volonté probable des contractants. Le projet ajoute que le colon est tenu de se servir des bâtiments d'exploitation ; disposition superflue, car elle était déjà écrite dans le code Napoléon et s'appliquait au métayer aussi bien qu'au fermier.

Ce code avait aussi déjà disposé d'une manière générale que l'acquéreur, en cas de vente du fonds loué, ne peut expulser le preneur qu'en lui donnant congé suivant l'usage des lieux. Mais le projet de code rural s'éloigne considérablement des principes du droit commun sur les suites de l'expulsion.

D'après le code civil, l'indemnité due au preneur obligé de déguerpir est du tiers du prix du bail pour tout le temps que le bail devait encore durer. Le législateur a pensé que, malgré la stipulation d'expulsion en cas de vente, il était juste d'accorder une indemnité au fermier privé de la jouissance avant l'expiration normale du bail, parce que cette stipulation ne l'empêche pas de prendre ses mesures pour jouir convenablement du bien loué pendant tout le temps convenu, et que, lors même qu'il n'eût point fait de dépenses dans l'intérêt de sa jouissance, la résiliation du bail n'en est pas moins pour lui un désagrément dont il est équitable de l'indemniser. Il a pensé aussi qu'il valait mieux poser *a priori* le principe d'une indemnité et en fixer même législativement le *quantum* que de laisser aux juges le soin de rechercher, dans chaque espèce particulière, d'abord s'il y a lieu à indemnité et ensuite quelle doit en être la quotité, attendu que ce dernier parti donnerait naissance à des difficultés et à des contestations.

Le projet du code rural supprime au contraire en principe le droit du métayer expulsé à une indemnité. Cette indemnité ne lui est accordée que par exception, c'est-à-dire quand il justifiera « des impenses extraordinaires qu'il a faites, » et « jusqu'à concurrence du profit qu'il aurait pu en tirer pendant la durée de son bail. »

Quel est le motif qui a poussé le conseil d'Etat à adopter, pour le métayage, une règle entièrement opposée à celle qui existe pour le fermage ? Est-ce parce qu'il est plus difficile de fixer l'indemnité du colon, le prix du

bail étant indéterminé et consistant en un partage de
fruits, tandis que celle du fermier s'évalue aisément,
puisque le loyer consiste en un prix fixe et déterminé qui
offre une base certaine à la fixation de l'indemnité ? Mais
il serait évidemment déraisonnable que la difficulté de
calculer et de fixer, soit d'avance, soit après coup, l'indemnité, fasse supprimer le principe même de l'indemnité, si tant est que celle-ci soit juste. Il est possible
d'apprécier en argent la valeur annuelle et moyenne des
récoltes. Enfin, en cas de dépenses extraordinaires faites
par le métayer, il faut bien l'indemniser, sans qu'on
puisse se servir, pour calculer l'indemnité, de la règle si
simple établie pour le bail à ferme. Si donc tel est le motif de la nouvelle distinction établie entre le bail à ferme
et le bail à colonage, il est vraiment insuffisant. Y en a-
t-il un autre ? J'ai beau chercher : je ne trouve, dans le
caractère différent et dans la nature spécifique de chacun de ces contrats, rien qui puisse justifier, sous le
rapport dont je m'occupe, une distinction quelconque
entre eux. Je ne saurais comprendre pourquoi l'indemnité est de droit pour le preneur qui paie son prix en
argent, tandis qu'elle n'appartient pas ou qu'elle n'appartient qu'exceptionnellement à celui qui paie son
loyer en fruits. La question d'indemnité n'est-elle pas
une question de justice et cette question n'est-elle pas
la même pour l'un et pour l'autre ? En quoi le mode
divers du paiement peut-il être ici de quelque considération et avoir quelque influence ? Je conclus en disant
que, la position du fermier et celle du colon étant identiques, c'est une contradiction de refuser à celui-ci le
droit qui compète à celui-là. Il ne serait pas digne du législateur de laisser subsister cette contradiction dans la loi.

Reste maintenant à savoir s'il faut donner la préférence
au système du Code Napoléon ou bien au contraire à celui
du projet du Code rural. Chacun d'eux a son avantage ;
mais, tout bien pesé, je suis d'avis qu'il faut faire prévaloir le second. Le droit *quand même* à une indemnité
dont le montant serait fixé par la loi en proportion du
prix du fermage ou du métayage a cet excellent résultat, que
j'ai signalé tout à l'heure, d'étouffer les contestations qui
pourraient naître, en premier lieu sur le point de savoir
si l'expulsion cause réellement un dommage au colon ou
au fermier et si par conséquent ils ont droit à une indemnité ; en second lieu, sur le point de savoir quelle est
l'étendue ou la gravité du dommage et par conséquent
quelle doit être la quotité de l'indemnité. Par contre, il
produit des effets qui peuvent n'être pas conformes à l'é-
quité : une expulsion, dont l'éventualité a été prévue, ne
causera souvent aucun dommage au preneur ; dès lors il
est peu juste qu'il ait le droit de réclamer une indemnité;
il est peu juste aussi que celui auquel la résiliation du
bail ne cause qu'un dommage mesquin soit en droit
d'exiger une indemnité aussi considérable que celui qui
éprouve un préjudice notable. Le système du Code Napoléon enfin ne me semble pas réfléter l'intention probable de ceux qui ont signé le bail. Lorsque les contractants, prévoyant le cas de vente du fonds loué, stipulent
que le preneur pourra être expulsé, mais ne stipulent rien
au delà, il est à croire qu'ils n'entendent point lui allouer
de dommages - intérêts ; c'est du moins leur intention
présumable, autrement ils se seraient expliqués sur les
dommages-intérêts, de même qu'ils sont convenus de la
résiliation du bail. On peut même ajouter que le preneur,
qui accepte la clause d'expulsion sans la faire suivre d'une

stipulation relative à une indemnité, est censé avoir obtenu
son bail pour un prix moindre, en proportion du risque
d'expulsion, et qu'enfin par cela même qu'il est averti de
ce risque, il doit s'arranger de façon à ne pas faire d'impenses qui ne lui seraient pas remboursées en cas de ré ·
siliation.

Le système du projet qui n'accorde de dommages-
intérêts au preneur que dans le cas d'impenses extraordinaires est donc plus juste que celui du Code Napoléon.
Car par impenses extraordinaires, il faut entendre toutes
impenses assez considérables pour améliorer le fonds,
soit pendant toute la durée du bail, soit pendant un certain nombre d'années après sa résiliation : comme si, par
exemple, le preneur, ayant loué un immeuble pour neuf
ans, y avait conduit une grande quantité de fumier et
d'engrais dont l'effet doit se faire sentir longtemps encore
après son expulsion. Dans ce cas, et malgré le silence du
contrat de bail, il est juste qu'il soit indemnisé, non seulement comme l'insinue le texte du projet, parce qu'il est
privé du gain qu'il aurait retiré de ses impenses, mais
aussi parce que, si on ne l'indemnisait pas, on s'enrichi-
rait injustement à ses dépens.

Ainsi j'approuve l'innovation du projet; mais, comme
l'idée dont elle découle est vraie aussi bien pour le bail à
ferme que pour le bail à colonage, et qu'il serait illogique
de ne point les régir, à cet égard, par la même règle,
j'exprime le vœu que l'article 1746 du Code Napoléon
soit mis en harmonie avec la nouvelle disposition du Code
rural.

Une autre innovation du projet consiste en ce que le
bail à colonage partiaire est résolu de plein droit par la
mort du preneur.

Il se peut qu'un propriétaire ait voulu louer sa métairie pour tout le temps déterminé par le contrat : de
sorte que, si le colon avec lequel il a traité vient à mourir
avant l'expiration normale du bail et que ses héritiers
se refusent à en prendre la suite, il sera contraint de rentrer malgré lui en possession d'un bien qu'il avait avantageusement placé et de la gestion duquel il se croyait dé-
barrassé pour longtemps encore. Il est possible aussi
qu'une famille de cultivateurs, stipulant par l'organe de
son chef, ait bien entendu exploiter pendant toute la période convenue et fixée par la convention la métairie
qu'elle a prise à bail : de sorte qu'elle sera singulièrement désappointée et peut-être lésée, lorsqu'elle se verra
forcée, contre ses prévisions, de déguerpir, à la mort de
son chef. L'innovation du projet produira ainsi quelquefois des résultats contraires à l'intention et à la volonté
de chacune des parties contractantes : telle est l'objection qui s'élève contre elle.

Je crois cependant que c'est avec raison que le conseil
d'Etat ne s'est pas laissé arrêter par cette objection, qui
sans doute ne lui aura pas échappé, et qu'il a adopté la règle
qui est généralement suivie dans les provinces où le colonage partiaire est en usage. Il y a, sous le rapport qui
nous occupe, une très grande différence entre le bail à
colonage et le bail à ferme : dans celui-ci, la personne du
preneur a bien moins d'importance pour le propriétaire
que dans le premier. Que ce soit Paul ou Jacques qui
soit fermier de son bien, il recevra toujours la somme
fixe qui forme le prix du fermage. Mais il en est tout autrement dans le bail à colonage. Le propriétaire, n'ayant
droit qu'à une quote-part de fruits nécessairement va-
riable et calculée d'après le rendement total de la récolte,

obtiendra plus ou moins, selon que son métayer sera
honnête ou malhonnête, habile ou inhabile, diligent ou
négligent. A la différence du bail à ferme, il importe
donc souverainement au propriétaire, qui loue son bien
sous condition de partage des fruits, d'avoir toujours à la
tête de l'exploitation de la métairie un homme sur lequel il puisse compter ; et à ce point de vue, on ne saurait nier que le bail à colonage constitue un contrat de
confiance, un de ces contrats dans lesquels on a particulièrement égard *à la personne*, un de ces contrats
enfin qui se rattachent assez facilement à l'exception in-
diquée dans l'article 1122 du Code Napoléon. « On est
censé avoir stipulé pour soi et pour ses héritiers et ayants-
cause, *à moins que le contraire...... ne résulte de la nature de la convention.* »

Mais ce n'est qu'en vertu de cette idée que l'on approuvera la disposition du projet et nullement par le motif que
le colonage partiaire participerait plutôt du caractère de
la société que de celui du louage. La plupart des jurisconsultes enseignent, en effet, que le bail d'un bien rural
moyennant un partage des fruits n'est pas un véritable
contrat de louage, et doit être régi par les règles du contrat de société. Tel n'est pas mon sentiment ; mais peu
importe ! car il est certain que l'opinion de ces jurisconsultes n'est pas celle des auteurs du projet. Pour eux, le
colonage partiaire est un louage et rien qu'un louage :
c'est ce qui est prouvé péremptoirement, d'abord par la
rubrique du titre IV qui porte « *du bail* à colonage partiaire, » puis par le texte qui assimile le bailleur d'une
métairie au bailleur d'une ferme quant au privilége sur
les meubles du preneur, enfin par l'article final de ce
titre, où on lit « que toutes les dispositions relatives aux

baux à ferme.. .. sont applicables aux baux à colonage. »
Ajoutons que, si les rédacteurs du Code rural étaient
partis du principe que le colonage partiaire a la nature
d'une société civile, ils auraient dû, pour être conséquents
avec eux-mêmes, statuer qu'il serait résolu aussi bien
par la mort du propriétaire que par celle du métayer ;
car, de droit commun, la mort d'un associé, quel qu'il
soit, rompt la société. Or ils ont, au contraire, expressément décidé que « la mort du propriétaire ne résout
pas le bail à colonage. »

Les héritiers du colon, expulsés contre leur gré, n'auront droit à une indemnité que pour leurs impenses
extraordinaires. Cela doit être, puisque le colon lui-même,
expulsé en cas de vente, ne peut réclamer que les impenses de cette espèce.

Le remboursement des impenses extraordinaires est dû
aux héritiers : s'il n'en était pas ainsi, le bailleur s'enri-
chirait à leur détriment. Et c'est pourquoi ils ont le droit
de se faire rembourser aussi les frais de labour et de
semences, lorsque, le propriétaire redoutant une mauvaise gestion de leur part, ils ne sont pas autorisés à
rester en possession de la métairie même pendant l'année courante.

Toutefois, les mots « impenses extraordinaires » dont
se sert le projet ne me paraissent pas être les termes
exacts et convenables, soit qu'il s'agisse de l'indemnité
due aux héritiers du colon, expulsés à la mort de celui-
ci, soit qu'il s'agisse de celle qui est due au colon lui-
même, expulsé en cas de vente. Supposez qu'un preneur,
après avoir pris à bail, sous la condition du partage des
fruits, un champ qui n'était pas fumé, y fasse conduire
une certaine quantité d'engrais, et puis se voie expulsé

ou vienne à mourir immédiatement après. Il n'y a eu là qu'une dépense ordinaire, et pourtant il est juste que le métayer ou ses héritiers en soient indemnisés, car sans cela le propriétaire ou son ayant - cause s'enrichiraient à leurs dépens, en profitant de l'amélioration produite par l'engrais. Assurément un pareil résultat n'a pas été dans la pensée du Conseil d'Etat : j'ose affirmer que c'est tout le contraire. Il faut donc supprimer les mots « impenses extraordinaires » qui ne disent pas assez et les remplacer par ceux-ci : « impenses suffisamment importantes dont le colon n'a pas profité et dont il aurait pu jouir encore pendant la durée de son bail. » Ces expressions rendraient certainement mieux le vœu de la loi.

On comprend sans peine le motif de la disposition suivante : « Si, dans le cours de la jouissance du colon, la totalité ou une partie de la récolte est enlevée par cas fortuit, il n'a pas d'indemnité à réclamer au propriétaire. Chacun d'eux supporte sa portion correspondante dans la perte commune. » Cette règle, qui reproduit, en le précisant, l'article 1771 du code civil, est de toute équité, puisque, la récolte quelle qu'elle soit se partageant par moitié, le propriétaire éprouve forcément une perte égale à celle du métayer. Si le fermier au contraire a le droit de réclamer une indemnité, c'est que, payant un prix fixe en argent, il serait seul à supporter les pertes, s'il ne pouvait demander une diminution du prix de son bail, et que le propriétaire recevrait un loyer ne représentant pas les fruits et les récoltes, qui sont détruits. Rien donc de plus juste que la distinction faite ici entre le fermier et le métayer.

Le titre du bail à colonage partiaire contient encore deux dispositions : l'une relative à la prescription des actions qui naissent de ce bail, l'autre concernant le privilége accordé au propriétaire sur les objets mobiliers qui garnissent la métairie.

La première était déjà écrite, en partie du moins, dans l'article 2277 du code Napoléon. Cet article, statuant que le prix de ferme des biens ruraux se prescrit par cinq ans et qu'il en est de même de tout ce qui se paie par année, s'étendait implicitement à l'action du propriétaire en paiement des fruits ou de la somme équivalente à leur valeur. Mais la disposition du projet a une portée beaucoup plus vaste, car elle énonce que *toute action* résultant du bail à colonage se prescrit par cinq ans *à partir de la sortie du colon*. Il suit de là que, par exemple, l'indemnité que le bailleur aurait à réclamer pour cause de dégradations provenant du fait ou de la négligence du colon et qui jusqu'à présent ne se prescrivait que par 30 ans, se prescrira dorénavant par 5 ans. Je trouve, comme le conseil d'Etat, que ce délai est suffisant et qu'il y a avantage, aussi bien pour le bailleur que pour le preneur et par conséquent pour l'agriculture en général, à ce que ni l'un ni l'autre ne reste pendant trente années exposé au coup des actions auxquelles le métayage a pu donner naissance. Seulement, en cette circonstance encore, je n'aperçois pas de motifs pour ne pas étendre au bail à ferme la règle du bail à colonage.

Quant à la disposition qui concerne le privilège du propriétaire, peut-être était-elle déjà implicitement contenue dans l'article 2102 du Code Napoléon, auquel le projet renvoie. Dans tous les cas, elle découlait virtuellement des textes du projet qui considèrent le colonage partiaire, non comme un contrat de société, mais comme

un contrat de louage et lui appliquent les règles du bail
à ferme, qui sont compatibles avec sa nature.

Néanmoins, comme la loi ne saurait être trop claire,
comme la moindre incertitude sur la volonté du législa-
taire est toujours fâcheuse, je féliciterais le conseil d'Etat
d'avoir décidé expressément que le bénéfice de l'article
2102 du Code Napoléon s'étendra au bailleur d'un bien
donné en colonage partiaire, s'il n'avait eu le tort de le
faire dans un texte dont la rédaction est telle qu'elle obs-
curcit plutôt qu'elle ne dégage la pensée de ses rédacteurs.

L'article 55 du projet, en énonçant que « le propriétaire exerce le privilège de l'article 2102 du Code Napoléon » et en ajoutant « sur les meubles, effets, bestiaux
et portions de récolte appartenant au colon, » semble
dire que le propriétaire d'une métairie aura un privilège,
de même que le bailleur d'une maison ou d'une ferme
en a un, mais qu'il l'exercera, non comme il est réglé
par le Code Napoléon, mais comme le règle l'article 55
lui-même, c'est-à-dire « sur les meubles, effets, bestiaux
et portions de récolte appartenant au colon. » Or il est
absolument certain que telle n'a pas été la pensée du ré-
dacteur de cet article 55, qui, dans l'intention du conseil
d'Etat, doit se référer simplement et complétement à l'article 2102 du Code civil. En d'autres termes, le privilège
du propriétaire ne doit s'exercer sur les meubles, effets,
bestiaux et portions de récolte appartenant au colon
qu'autant qu'ils garnissent la métairie, sauf le cas où il
s'agirait des récoltes de l'année courante, récoltes qu'atteindrait le privilège, alors même qu'elles seraient en-
grangées en dehors de la métairie. Il est donc convenable
de supprimer de l'article 55 les mots : « sur les meubles,

effets, bestiaux et portions de récolte appartenant au colon » qui sont inutiles et même susceptibles de donner
lieu à une interprétation inexacte.

Le projet parle des meubles, effets, bestiaux, portions
de récoltes *appartenant au colon*. On sait que le privilège du bailleur s'exerce sur les meubles, effets, bestiaux
et récoltes *même n'appartenant pas au preneur ;* et cela
est légitime, parce que le bailleur a un juste motif de
croire que tout ce qui se trouve dans le bien loué est affecté à son gage. Ici encore, il est certain que le conseil
d'Etat n'a nullement eu l'intention de poser une règle
dérogatoire au droit commun ; que, dans sa pensée, les
mots *appartenant au colon* ne se rapportent qu'aux récoltes et non aux meubles, effets et bestiaux ; et que les
récoltes appartenant au colon ne sont pas opposées aux
récoltes garnissant la métairie et appartenant à des personnes quelconques, mais uniquement aux récoltes qui
forment la part du propriétaire de la métairie et sur
lesquelles celui-ci n'a pas de privilège à exercer, par la
raison qu'il a sur elles un droit plus intense encore, un
droit de propriété. Mais on voit par cela même qu'il faut
modifier une rédaction qui tend à rendre obscur ce qui
est très-clair de soi. Et pour cela il suffit de supprimer
les mots que j'ai signalés.

L'article 55 projeté soulève une difficulté qu'il ne
serait pas prudent d'abandonner à l'appréciation de la
doctrine et à l'interprétation de la jurisprudence. Il s'agit
de savoir si le bailleur à colonage aura, comme le bailleur
à loyer ou à ferme, le droit d'exercer, le cas échéant,
son privilège même pour ses portions futures de fruits
et de récoltes et si, par suite, les autres créanciers du
métayer auront le droit de louer à leur compte la mé-

tairie. Et d'abord, l'intérêt du propriétaire à demander
une somme d'argent équivalente à la portion moyenne et
approximative à laquelle il aurait droit sur les récoltes
à échoir dans l'avenir est incontestable. De même que
le bailleur à ferme, il peut craindre que les créanciers
avec lesquels il est en concours n'absorbent le gage
destiné à répondre du paiement des fruits futurs ou des
dégradations qui seraient commises dans la suite par le
colon ; de même que le bailleur à ferme, il peut trouver
son avantage à ne pas faire résilier le bail, soit pour
éviter les frais d'un procès, soit parce que le moment de
faire un autre bail n'est pas opportun, soit pour toute
autre cause. D'ailleurs, c'est son droit de ne pas faire
résoudre le bail avant le temps convenu. Mais s'il est
évident qu'il aura quelquefois intérêt à prélever sur le
prix des objets garnissant la métairie une somme représentant sa part dans les récoltes futures, il est moins
certain qu'il en ait le droit. Car aux termes de son contrat, ce sont des fruits qu'il doit recevoir et non de l'argent. Il semble donc que les autres créanciers auraient
quelque raison pour lui objecter qu'il est tenu de se
maintenir dans les stipulations de son contrat et de ne
pas en dénaturer le caractère, comme aussi pour se prévaloir de l'impossibilité d'apprécier par avance la valeur
des récoltes des années futures.

J'estime que, la position et l'intérêt du propriétaire
d'une métairie étant sur ce point identiques à ceux du
propriétaire d'une ferme, leurs droits doivent aussi être
les mêmes. La substitution d'une somme d'argent au lieu
et place des fruits et la difficulté d'évaluer cette somme
exactement ne sont pas des objections d'un poids suffisant.
De droit commun, lorsqu'une prestation ne peut se faire

en nature, elle doit être faite en argent. S'il n'est pas
possible d'apprécier avec une exactitude absolue la valeur des récoltes futures, il est du moins facile de la
déterminer par approximation et d'attribuer au propriétaire une somme représentant sa portion présumée dans
les récoltes futures, sauf à lui à rendre plus tard aux
créanciers l'excédant qu'il aurait reçu, d'après l'état des
récoltes. Quoi qu'il en soit, la question est assez grave
et assez délicate pour que le législateur prenne le soin
de l'examiner et de la résoudre.

Si elle est résolue dans le sens affirmatif que je viens
d'indiquer, elle produira cette conséquence que les
créanciers auront le droit de louer pour leur compte la
métairie. C'est ce que les auteurs reconnaissent en cas
de bail dont une clause interdit au fermier la faculté de
sous-louer. Il doit en être de même en cas de colonage
partiaire, quoique le colonage constitue un contrat qui
est fait en considération de la personne du colon. Le
bailleur, désintéressé par le paiement de tout ce qui lui
sera dû jusqu'à l'expiration du bail à colonage et jouis-
sant d'une position toute privilégiée et singulièrement
nuisible aux intérêts des autres créanciers du métayer,
doit, par une juste compensation, laisser ceux-ci libres
de tirer de la métairie les profits qu'elle donnera jusqu'à
l'expiration du bail. Il suit de là qu'ils auraient indifféremment le droit de louer le bien soit moyennant un prix
fixe en argent, soit moyennant un partage de fruits.

Autre observation : dans ce même article 55 les mots
« pour le reliquat du compte » sont de trop ou du moins
doivent être remplacés par ceux-ci : « pour le compte ou
le reliquat du compte. » Le métayer peut n'avoir rendu
aucun compte au propriétaire et cependant il est clair

que le privilège de celui-ci s'exerce à plus forte raison
dans ce cas.

Je termine les réflexions que m'a suggérées le titre du
colonage partiaire, en faisant remarquer qu'il serait utile
d'y insérer une disposition interdisant au métayer le
droit de vendre ou d'employer, sur des biens autres que
les biens loués, les engrais et les fumiers provenant de
la métairie. Cette disposition, qu'il conviendrait d'étendre
au fermier, est cependant plus opportune dans le cas de
bail à colonage que dans celui de bail à ferme. Car dans
le second, que les terres soient fumées ou non, le propriétaire reçoit toujours le fermage fixe qui lui est dû ;
tandis que, dans le premier, si les terres ne sont pas
fumées convenablement, il recevra une portion de fruits
moindre que celle à laquelle il pouvait et devait s'attendre.

VII.

Si les auteurs du Code rural ont bien fait de s'occuper
du colonage partiaire, ils n'ont pas moins bien fait de
rétablir dans nos lois civiles et de réglementer le contrat
d'emphytéose. Le Code Napoléon n'avait en effet pas dit
un mot du bail emphytéotique : d'où il résultait que ce
bail ne différait des baux ordinaires que par sa durée qui,
d'après la loi du 18—29 décembre 1790, ne pouvait pas
dépasser quatre-vingt-dix-neuf ans, et que toutes les règles
qui régissent ces baux lui étaient applicables. Cependant
l'emphytéose peut être un contrat éminemment utile à
l'agriculture. La longue durée de la jouissance du preneur
l'invite à faire sur la terre qu'il cultive toutes les améliorations dont elle est susceptible et dont il sera le premier

à profiter : améliorations qu'il négligerait si la brièveté du bail lui faisait craindre qu'elles aient lieu au bénéfice d'un autre, s'il était obligé de restituer le domaine loué au moment où ses impenses deviendraient productives. Si cela est vrai d'une manière relative pour des terres quelconques, cela devient vrai d'une manière absolue pour les terres stériles ou ingrates. Le propriétaire qui ne les cultive pas lui-même ne peut guère trouver un fermier qui se charge de les améliorer qu'à la condition de lui faire une concession de longue durée, grâce à laquelle celui-ci se mettra résolument à l'œuvre, sachant qu'il sera amplement récompensé de ses peines, de ses sacrifices, de ses travaux, par une terre devenue fertile et dont les produits lui appartiendront encore pendant un temps plus ou moins long. Ce n'est pas tout : par la même raison, il faut que le preneur ait sur le bien qu'il exploite des droits plus étendus, plus énergiques que ceux qui découlent d'un simple bail ; qu'il puisse considérer en quelque sorte la terre comme sienne et la traiter en conséquence. Longue jouissance et possession des principaux droits compris dans le droit de propriété : ce sont là les meilleurs moyens d'intéresser un preneur à la terre et de le pousser à y faire des améliorations réelles et fécondes. Et tel est, en deux mots, l'avantage du contrat emphytéotique au point de vue de l'intérêt agricole.

Mais, en restituant à l'emphytéose le caractère de droit réel, il s'en faut que le projet la rétablisse dans la condition où elle se trouvait en droit romain et dans l'ancien droit français. Autrefois l'emphytéote acquérait bien plus que des droits réels sur le fonds qui lui était concédé : il y avait en sa faveur une sorte de transmission de la propriété même, qui en faisait, pour ainsi dire, un second propriétaire. Le domaine direct était retenu par le bailleur ; le domaine utile passait sur la tête du preneur. Aussi la perpétuité dans la concession était-elle le caractère commun et général , quoique non absolu , des emphytéoses.

D'après le projet, il n'y a plus de transmission de propriété ; le domaine reste entièrement et exclusivement entre les mains du bailleur et, comme le décidait la loi du 18—29 décembre 1790, la durée de la concession est essentiellement temporaire et ne peut excéder quatre-vingt-dix-neuf ans.

Ce n'est pas parce que l'emphytéose perpétuelle rappellerait le fief et la censive que le législateur continue de la proscrire. Il a considéré cependant que la division perpétuelle de la propriété entre deux maîtres pourrait finir par aboutir à la longue à une situation semblable à celle où se trouvait la propriété avant 1789 et qu'au bout d'un certain temps, si l'emphytéose entrait dans les usages des citoyens , elle aurait pour effet d'établir d'un côté une classe de propriétaires-rentiers et de l'autre une classe de simples fermiers assujettis à une redevance perpétuelle : chose qui tendrait à détruire l'égalité des citoyens par la supériorité naturelle qu'elle assurerait aux premiers sur les seconds. De plus, après plusieurs générations, l'emphytéose perpétuelle aurait pour résultat inévitable de mettre en lutte les propriétaires et les emphytéotes , parce qu'il est dans la force des choses que celui qui a cultivé, exploité, amélioré, et dont les ancêtres ont cultivé, exploité, amélioré un domaine depuis un grand nombre d'années ou depuis des siècles, finisse par le regarder comme sa propriété exclusive et ne voie plus qu'une injustice et qu'un abus dans la redevance qu'il est obligé

de payer pour la possession et la jouissance d'une terre
qui porte partout l'empreinte des sueurs et des fatigues
de ses pères et des pères de ses pères. Voilà la raison politique de la prohibition de la perpétuité dans l'emphytéose.
Mais, au point de vue de l'agriculture même, si l'emphytéose temporaire peut avoir une grande utilité, comme je
le remarquais tout-à-l'heure, l'emphytéose perpétuelle,
au contraire, paraît funeste plutôt qu'avavantageuse, car
la raison dit et l'expérience prouve que celui qui n'est pas
propriétaire absolu et exclusif d'un domaine n'apporte
jamais dans sa gestion et dans sa culture les mêmes soins
que lorsqu'il en a la propriété pleine et entière. Pour
qu'il ne se lasse pas dans sa sollicitude pour la terre, il
faut que cette terre soit libre et qu'il en soit propriétaire.
Je pense du reste que l'interdiction de l'emphytéose perpétuelle a sa cause plutôt dans la raison politique que
dans la raison économique.

Ce n'est donc pas l'ancienne emphytéose que fait re-
vivre le projet du code rural. Ce qu'il établit, c'est un
bail qui aura seulement une durée plus longue
que les baux ordinaires et qui de plus constituera,
non un simple droit personnel, mais un droit réel, afin
que le preneur s'intéresse d'avantage à l'exploitation et à
l'amélioration de la terre, en possédant des droits plus
vastes et plus énergiques tant vis-à-vis du propriétaire
que vis-à-vis des tiers.

C'est dans cette idée d'amélioration des terres qu'il
faut chercher l'origine du contrat emphytéotique. Primi-
tivement ce n'étaient que des terres stériles et improduc-
tives qui étaient données à l'emphytéote, afin qu'il les
améliorât. Plus tard, l'emphytéose comprit indifféremment des terres fertiles et des terres stériles. Mais l'idée

d'amélioration subsista toujours au fond du contrat,
quoique du reste l'emphytéote ne pouvait être contraint
par le propriétaire à faire des actes positifs d'amélioration. Cette idée est également consacrée par le projet ;
c'est elle qui rend compte de la disposition d'après laquelle le preneur ne peut pas détruire les améliorations
ou constructions qu'il a faites *ni réclamer à cet égard
aucune indemnité.*

Quoique la propriété pleine et entière du bien concédé
réside sur la tête du bailleur, cependant le projet, dans
le but que j'ai indiqué, confère à l'emphytéote presque
tous les droits utiles qui découlent de la propriété. L'emphytéote peut, non seulement céder son droit, mais encore l'hypothèquer. Non seulement il profite de l'accession,
mais il a seul les droits de chasse et de pêche.

Le projet va même plus loin, trop loin peut-être, surtout au point de vue de la logique. Il donne à l'emphytéote, à l'égard des carrières et des minières, tous les
droits du propriétaire, tandis que, en ce qui concerne
les mines, il ne lui accorde que les droits qui compètent
à l'usufruitier.

Cela veut dire, en d'autres termes, que l'emphytéote
n'a droit aux produits des mines qu'autant qu'elles sont
en exploitation au moment où le bail emphytéotique est
conclu, tandis qu'il a droit aux produits des carrières et
des minières, même quand celles-ci ne sont pas ouvertes
à ce moment.

Que dans l'ancienne emphytéose qui faisait passer toute
la propriété utile entre les mains de l'emphytéote, celui-
ci ait eu le droit d'ouvrir des carrières et des mines, et
de les exploiter : on le comprend. Mais dans l'emphytéose telle que l'organise le projet, qui l'accommode à l'é-

tat actuel de l'agriculture, on ne voit clairement ni la
raison du droit accordé au preneur d'ouvrir des carrières
et des minières, ni celle de la distinction qui est établie
entre celles-ci et les mines. L'emphytéose, telle qu'elle
doit être pour répondre aux besoins du temps et telle
qu'elle résulte d'ailleurs de l'ensemble du titre que le
projet y consacre, n'est et ne peut être qu'un bail, différent seulement des baux ordinaires par sa durée, par une
jouissance plus étendue du preneur, par le droit réel
dont celui-ci est nanti pour mieux garantir cette jouissance, mais laissant au propriétaire les droits que l'intérêt de la culture ne commande pas de faire passer à
l'emphytéote qui doit exploiter le bien loué tel qu'il se
comporte, c'est-à-dire selon sa destination. Si l'emphytéote peut hypothéquer son droit de jouissance, c'est que
l'hypothèque ne change rien à la nature de cette jouissance et que c'est une conséquence de la *réalité* de son
droit. S'il profite de l'accession, c'est que l'accessoire
doit suivre, pour lui comme pour tout autre, le sort du
principal. Si, quoique le projet ne le dise pas, il exerce
de son chef les actions possessoires contre les troubles
apportés à sa jouissance et même les actions pétitoires
en tant qu'elles intéressent directement son propre droit,
c'est qu'il n'y a là qu'une garantie de ce droit et de cette
jouissance, garantie qui découle naturellement aussi du
caractère de droit réel que présente le bail emphytéotique. S'il fait son profit, quoique le projet ne le dise
pas non plus, des arbres qui périssent ou qui sont arrachés et brisés par accident, c'est que ce n'est là que
l'exercice même de sa jouissance plus étendue. Le droit
de chasse et de pêche, il est vrai, semble moins être
la conséquence d'un bail agricole. Néanmoins quand on

entend donner au preneur le droit énergique, la jouissance complète, tous les profits du domaine, choses qui
sont inhérentes au bail emphytéotique, il est naturel
de lui reconnaître les droits de chasse et de pêche ; d'autant plus que si ces droits étaient réservés au propriétaire, ils seraient en opposition avec la pleine et entière
liberté d'action qu'il est de la nature de ce contrat d'assurer à l'emphytéote ; d'autant plus aussi qu'ils appartiennent à tous ceux qui ont sur un fonds un droit réel
et complet de jouissance, comme par exemple à l'usufruitier. Le droit d'exploiter une carrière ou une mine,
qui sont en état d'exploitation au moment où le bail emphytéotique est signé, est encore une suite normale de la
convention ; car le propriétaire qui donne sa propriété à
gérer, la donne telle qu'elle se comporte, c'est-à-dire
avec l'exploitation de la mine ou de la carrière. Mais ce
qu'il est moins aisé de s'expliquer, c'est que l'emphytéote ait le droit d'ouvrir une carrière, lorsque une clause
du bail ne lui en confère pas expressément la faculté. Je
le répète, le propriétaire loue son domaine dans la condition où il se trouve et avec la destination à laquelle il
est affecté ; il le loue pour que le preneur le cultive, l'a-
méliore, et non pour qu'il convertisse, en totalité ou en
partie, une exploitation rurale en une exploitation industrielle ; pour qu'il le lui restitue, à l'expiration de l'emphytéose, en état de mieux-value, et non en état de moins
value.

A cet égard je ferai remarquer que, surtout si l'on
tient compte du caractère nouveau de l'emphytéose, la
disposition que je critique est en contradiction avec celle
de l'article du projet qui porte que « le preneur ne peut
opérer dans le fonds aucun changement qui en diminue

la valeur. » Si , en effet, je donne mon fonds en emphytéose et que l'emphytéote y ouvre une carrière et l'épuise,
j'aurai perdu , lorsque le fonds me sera rendu , tous les
profits que je pouvais tirer de la carrière, si elle n'avait
pas été exploitée et épuisée. Ajoutez que, par suite même
de cette exploitation, la culture peut avoir été négligée et
aussi que le fonds peut se trouver dans un état tel qu'il
n'est plus susceptible d'une production féconde. Loin
d'avoir été amélioré , il a plutôt été détérioré ; et cependant le propriétaire n'aurait aucun recours contre l'emphytéote, attendu que celui-ci n'aurait fait qu'user de son
droit, et qu'il n'y a jamais devant la loi de dommage
causé à autrui , lorsque le dommage prétendu n'est que
le résultat de l'exercice d'un droit. En résumé , le droit
d'ouvrir une carrière ne peut pas être réputé avoir été
octroyé implicitement à l'emphytéote. On doit présumer
bien plutôt que la convention emphytéotique en est exclusive ; et il faut en revenir au véritable principe , pro-
clamé par le Code Napoléon , à savoir que ce droit ne
compète qu'à celui auquel appartient la propriété.

En outre , pourquoi le projet distingue-t-il entre l'ouverture des carrières et celle des mines ? Si, comme je
l'ai dit, le droit d'ouvrir les unes et les autres appartenait
logiquement à l'emphytéote d'autrefois auquel toute la
propriété utile avait été transférée, aujourd'hui que la
possession du domaine doit faire retour au bailleur qui ,
comme dans un bail ordinaire, conserve dans toute son
absoluité son droit exclusif à la propriété du fonds, il est
difficile de comprendre le motif pour lequel le bailleur
sera frustré par l'emphytéote des produits d'une carrière
et non de ceux d'une mine. Quelle est donc la raison
de cette distinction ? Est-ce parce qu'il y a infiniment

plus de difficulté à exploiter une mine qu'une carrière ?
Ce n'est pas là une raison sérieuse. Parce que la mine
ne peut être mise en exploitation qu'en vertu d'une concession du gouvernement ? Cela ne peut avoir aucune
influence sur la question de savoir à qui appartient,
d'après les vrais principes et selon le droit commun, la
jouissance de la mine et par conséquent la redevance qui
serait due à l'ayant droit qui n'aurait pas obtenu lui-même
la concession. Parce que les revenus d'une mine sont
beaucoup plus considérables que ceux d'une carrière ?
Cela ne saurait avoir aucune importance pour la fixation
des droits respectifs du propriétaire et de l'emphytéote ;
il s'agit ici d'une question de principe, non d'une question de chiffres ; d'une question de droit et d'équité, non
d'une question de quotité de revenus. Le plus ou le moins
sont indifférents ; et s'il est vrai que le droit soit en cette
circonstance du côté du propriétaire, il n'est pas plus
juste ni plus rationnel de le priver des deux ou trois
mille francs qu'il aurait pu retirer plus tard de sa carrière
que de le priver des soixante ou des quatre-vingt mille
francs que lui assurera l'exploitation ultérieure de sa
mine.

Il faut donc, si l'on tient à être logique, ou bien partir
de l'idée de l'ancienne emphytéose et permettre au preneur d'ouvrir des mines aussi bien que des carrières ;
ou bien, ce qui est préférable et plus conforme à l'esprit
et au caractère qui conviennent au contrat emphytéotique
moderne, décider qu'en aucun cas le preneur ne pourra
établir dans un domaine rural une exploitation industrielle
quelconque contrairement à la destination du domaine,
telle que la révèle l'état dans lequel il se trouve au moment de la conclusion du contrat.

Je n'entends pas du reste qu'il soit interdit à l'emphytéote de tirer du fonds le sable, la chaux, les pierres
pour la réparation, l'entretien ou l'embellissement du
domaine par lui loué. Rien de plus juste que cette faculté ;
ce qui est nécessaire au fonds doit se tirer du fonds ; et
telle est l'intensité du droit de l'emphytéote qu'il n'est
même pas besoin, à mon avis, que la loi lui réserve expressément cette faculté. Mais tout le monde comprend
qu'autre chose est une simple extraction de matériaux
pour les besoins du preneur et autre chose le commerce
de ces matériaux.

En regard des droits de l'emphytéote, le projet place
ses obligations qui sont de jouir en bon père de famille,
de faire les réparations de toute nature, c'est-à-dire
même les grosses réparations, et de payer toutes les
contributions et toutes les charges, ce qui est une suite
équitable de l'étendue et de l'énergie de son droit de
jouissance. Il est particulièrement tenu des grosses réparations, à la différence de l'usufruitier, en vertu de cette
idée que l'emphytéose a pour but de charger le preneur
de mettre et de maintenir continuellement la propriété
en bon état. Il répond encore de l'incendie, puisque tout
preneur en répond ; et généralement il est responsable
de toutes les pertes et détériorations arrivées par sa faute
ou par sa négligence, mais non de celles qui ne sont que
le résultat d'un cas fortuit ou d'un vice inhérent à la
chose. Enfin, et avant tout, il doit payer au propriétaire
la redevance stipulée.

Il ne peut se soustraire, en renonçant au bail, à l'obligation de payer la redevance ni en général à l'exécution
des conditions qui lui sont imposées. Cela doit être : tout
contrat synallagmatique ne peut être rompu que du con-

sentement des deux contractants. Autrefois il n'en était pas ainsi : le délaissement libérait l'emphytéote de toute obligation envers le bailleur. Cette faculté accordée à l'emphytéote résultait de ce que celui-ci renonçait moins à une obligation personnelle qu'à une propriété grevée d'une charge. C'est ainsi qu'aujourd'hui le propriétaire d'un fonds grevé d'une servitude peut se dispenser de faire les impenses nécessaires à son exercice en abandonnant le fonds au possesseur de l'héritage dominant.

Réciproquement le bailleur est tenu de respecter le contrat qui est son œuvre. Il ne peut demander la résolution du bail que selon le droit commun, c'est-à-dire si l'emphytéote dégrade le fonds ou s'il ne remplit pas ses engagements. La résolution peut être demandée à défaut de paiement de deux termes de la redevance.

Le preneur, dit le projet, « ne peut demander la réduction de la redevance même pour cause de stérilité ou de privation de toute récolte à la suite de cas fortuits. » Cette règle est conforme à la doctrine reçue anciennement. Elle avait son fondement originaire dans la circonstance et dans le principe que l'emphytéote recevait un fonds stérile ou ingrat et que dès lors il ne pouvait pas prétendre à une indemnité pour des récoltes qui ne devaient pas exister. Aujourd'hui elle se justifie à raison du caractère de droit réel dont est revétue l'emphytéose et qui fait que la condition du preneur est d'être, comme l'usufruitier, dans un rapport direct et immédiat avec le fonds qu'il accepte, stérile ou productif, et non pas dans une relation personnelle avec le propriétaire, comme dans les baux ordinaires, dont la nature intime est de contenir un engagement implicite du bailleur à assurer au preneur, dans une certaine mesure au moins, une jouissance effective des fonds loués. Elle se justifie surtout en ce que, vu la longueur de la durée de l'emphytéose, les années de fertilité et de gains doivent compenser pour le preneur les années de stérilité et de pertes.

Mais si cette règle échappe à la critique, on se demande si elle sera applicable au cas où les pertes éprouvées par l'emphytéote ont pour cause, non pas la stérilité ou des accidents passagers, mais la destruction d'une partie du fonds, comme si celui-ci avait été envahi par un fleuve qui y avait établi définitivement son lit, ou comme si une portion notable en avait été enlevée au preneur par l'administration ou par une compagnie pour cause d'utilité publique. Le bénéfice de l'article 1722 du Code Napoléon, qui autorise en pareil cas le fermier à demander une diminution du prix, sera-t-il étendu par analogie à l'emphytéote ? On peut en douter à cause de la nature spéciale du contrat emphytéotique qui sera régi dorénavant par ses règles propres et non par celles du contrat du louage. Or, dans notre ancien droit, l'emphytéote ne pouvait même en cette circonstance obtenir une réduction de la redevance. Mais la raison en était que si, par suite de la destruction d'une partie du fonds, la redevance était devenue trop onéreuse, il avait un moyen bien simple de se libérer, c'était de renoncer au contrat emphytéotique. Aujourd'hui que le droit de déguerpissement n'existe plus pour lui, la règle ancienne serait inique, car il n'y a aucune similitude entre la perte accidentelle qui résulte des pluies, de la grêle, de la sécheresse ou d'une inondation momentanée et la perte perpétuelle qui est le résultat de la destruction du fonds. Il serait profondément injuste que le propriétaire continuât à recevoir la totalité d'une redevance qui ne corres-

pond plus à l'état actuel de la propriété, alors qu'il ne
jouirait plus de l'intégralité de son domaine, s'il le culti-
vait lui-même. On doit donc appliquer à l'emphytéose la
disposition de l'article 1722 et l'appliquer dans toute sa
teneur, c'est-à-dire donner à l'emphytéote le droit de
demander selon les circonstances ou une diminution de
la redevance ou même la résolution du bail. Et comme
le silence de la loi sur ce point pourrait être la cause de
difficultés réelles, le code rural doit s'en expliquer formellement.

Il me paraît peu conforme à l'équité que l'emphytéote
expulsé pour n'avoir pas tenu ses engagements, pour
n'avoir pas, par exemple, payé deux termes, ne puisse
réclamer aucune indemnité pour les améliorations et les
constructions qu'il a faites. Autrefois, pour lui refuser
tout recours contre le propriétaire, on disait qu'il n'avait
rien à réclamer, parce qu'il avait reçu les fonds précisément pour les améliorer. Mais s'il est vrai que l'idée d'a-
méliorations est encore inhérente à la nature du bail emphytéotique, il ne serait pas exact de prétendre, ainsi que
je l'ai déjà fait observer, que l'exécution des améliorations forme la cause juridique de ce bail. Du reste, cela
fût-il exact, on n'en serait pas moins en présence d'un
principe supérieur qui proclame que nul ne peut s'enri-
chir aux dépens d'autrui. Que l'emphytéote, à l'expiration normale du bail, n'ait droit à aucune indemnité pour
ses impenses, rien de plus rationnel ; car il a fait les
améliorations pour en jouir pendant toute la durée de
son bail, et il en a en effet joui pendant toute cette durée,
sachant d'ailleurs qu'il n'avait aucun remboursement à
attendre. Mais quand, après les avoir faites, il se trouve
privé du fonds longtemps avant le temps fixé pour la ces-

sation régulière de sa jouissance, il est frustré doublement et par les dépenses qu'il a faites et par les profits
dont il est privé, tandis que le propriétaire, rentrant pré-
maturément dans la possession de son fonds qui a acquis
une mieux-value plus ou moins considérable, profite immédiatement de cette mieux-value et peut immédiatement
faire un nouveau bail de son domaine dans des conditions
beaucoup plus avantageuses. Il arrivera de la sorte que
l'insolvabilité de l'emphytéote, causée peut-être par les
améliorations mêmes qu'il a faites, bien loin d'être pour
le propriétaire un événement malheureux, sera pour lui
une source de bénéfices. Est-ce que cela ne viole pas la
morale juridique ? Et ne voit-on pas maintenant que le
conseil d'État s'est laissé guider par une considération
malheureuse dans cette circonstance particulière, quoiqu'elle soit raisonnable dans la généralité des cas, par la
considération que l'emphytéote, n'ayant en principe aucune indemnité à réclamer pour les améliorations, ne
saurait se créer un droit à une indemnité par suite de sa
propre faute ou de son propre fait ?

Sans doute, il est possible que l'inexécution des engagements ait pour cause le désir du preneur de rompre le
bail, tout en se ménageant le droit à une indemnité.
Mais, selon l'adage, *la fraude corrompt tout ;* et c'est aux
juges à examiner s'il y a fraude.

Quant à l'évaluation de l'indemnité, évidemment le caractère du contrat emphytéotique s'oppose à ce qu'elle
soit calculée comme en matière ordinaire. L'indemnité
ne doit pas équivaloir à la mieux-value acquise par le
fonds, puisque les améliorations ont été faites, non seulement pour l'emphytéote, mais aussi pour le propriétaire auquel elles retourneront gratuitement tôt ou

tard. Elle doit être plus ou moins forte, selon le temps pendant lequel le preneur expulsé aurait encore pu en jouir et selon le profit que le propriétaire tire à en jouir lui-même par anticipation. Elle serait nulle ou à peu près, si la résiliation du bail se faisait un ou deux ans avant son expiration normale ; elle devrait au contraire être plus ou moins adéquate à la mieux-value, si la résiliation était prononcée peu de temps après le commencement du bail.

Les autres dispositions du projet sur l'emphytéose sont irréprochables. L'obligation de constater ce contrat par écrit résulte de l'importance et de la longue durée du bail et ne fait pas d'ailleurs de l'écriture un élément essentiel à la validité de la convention. La règle, en vertu de laquelle l'emphytéose n'est susceptible d'être consentie que par ceux qui ont la faculté d'aliéner, va de soi ; il n'était pas nécessaire de l'exprimer tant il est certain que l'emphytéose, constituant un droit réel, affectant directement la propriété, ne peut se trouver, sous le rapport de la capacité de celui qui le concède, que dans la condition de tous les droits de ce genre. La prérogative du juge d'accorder des délais au preneur, pour le paiement de la redevance et l'exécution de ses obligations, est de droit commun et se comprend d'elle-même. La disposition qui veut qu'une indemnité spéciale soit accordée à l'emphytéote, en cas d'expropriation du fonds pour cause d'utilité publique, est tout ce qu'il y a de plus légitime : bien qu'il n'ait plus sa redevance à payer, il est juste qu'il soit indemnisé pour les impenses qu'il a faites, pour les profits qu'il aurait pu tirer du fonds, pour le désagrément que lui cause l'expropriation ; si une indemnité est due au simple fermier qui n'a qu'un droit personnel de

jouissance, il doit en être ainsi à plus forte raison de
l'emphytéote qui a un droit réel de jouissance sur le
fonds. Il est juridique aussi que son droit réponde de ses
dettes et soit sujet à la saisie immobilière, par cela même
que c'est un droit réel immobilier, et que telle est la
règle pour les droits réels immobiliers qui ne sont pas
exclusivement attachés à la personne.

La disposition finale de l'article 66 du projet statue
que le droit d'hypothèque et de saisie s'applique aux emphytéoses anciennement établies. Quoique ce soit là une
disposition à effet rétroactif, elle est à l'abri de la critique, parce qu'elle n'est pas de nature à léser un droit
acquis. Pour les emphytéoses établies antérieurement au
Code Napoléon, elles sont naturellement régies par les
principes de l'ancienne législation, et, comme le droit de
l'emphytéote constituait une sorte de propriété, il pouvait être hypothéqué et saisi et pourra l'être encore jusqu'à l'extinction de l'emphytéose, indépendamment de la
disposition du projet. Quant aux emphytéoses établies
sous l'empire du Code Napoléon, elles n'engendrent, il
est vrai, à mon avis du moins, qu'un simple droit personnel non susceptible d'hypothèque et de saisie immobilière ; mais comme, à défaut de clause contraire insérée dans le bail, le preneur pouvait céder le bail et pourra
de même librement le céder jusqu'à l'expiration de sa
jouissance, on ne voit pas comment le bailleur serait reçu
à se plaindre d'une cession forcée qui serait la suite
d'une constitution d'hypothèque ou d'une expropriation
par autorité de justice. En ce qui concerne le preneur, il
pourrait alléguer sans doute que la loi sous l'empire de
laquelle il a contracté ses dettes le mettait à l'abri de la
saisie immobilière et que par conséquent le code rural

doit respecter cette situation. Mais on comprend parfaitement que le conseil d'Etat ne se soit pas laissé arrêter
par une aussi misérable objection, d'autant plus qu'en
définitive le preneur aurait peu de chose à gagner à ce que
la saisie immobilière n'atteignît point son droit, puisqu'il
resterait passible de la saisie-exécution et de saisies-bran-
dons successives et que même, le cas échéant, ses créanciers auraient le droit de louer pour leur compte les
biens qu'il détient.

VIII.

J'ai dit que la mission du législateur était de poser les
règles principales des conventions et d'indiquer les principaux effets des droits dont l'exercice est nécessaire ou
utile à la vie civile. J'ai dit que l'objet du Code rural était
de s'en occuper au point de vue des intérêts spéciaux de
l'agriculture. J'ai rendu grâce aux auteurs du projet d'a-
voir particulièrement réglementé le colonage partiaire
insuffisamment réglé par le Code Napoléon et l'emphytéose complètement négligée par lui. Ils n'ont cependant
pas fait assez. S'ils devaient passer sous silence des contrats exclusivement agricoles, tels que le bail à ferme ou
le bail à cheptel, ou des droits éminemment ruraux, tels
que les servitudes qui ne concernent que les fonds ruraux,
parce que le Code Napoléon contient déjà sur ces droits
et sur ces contrats les dispositions les plus sages et les
plus complètes, une excellente occasion se présentait
pour eux d'en mentionner et d'en régler d'autres que le
Code Napoléon a laissés dans l'oubli et qui se rattachent
ou touchent au droit rural. Cette indication et cette

réglementation , outre leur utilité certaine , eussent fait
bonne figure dans le Code rural qui n'est pas tellement
riche en matières pour qu'il soit permis de dédaigner et
d'omettre des objets qui en font naturellement partie.

Mais d'abord, puisque je viens de parler des servitudes
rurales, je compléterai ce que j'ai dit précédemment sur
les modifications à introduire au Code Napoléon en pro-
posant d'ajouter une nouvelle servitude à celles que ce
Code énumère. Un usage , partout suivi dans notre pays
de propriété morcelée, accorde au laboureur la faculté de
tourner sa charrue et son attelage sur le fonds contigu. Il
y aurait un sérieux inconvénient pour l'agriculture à ce
que l'exercice de cette faculté fût prohibé ou entravé,
puisque le cultivateur ne pourrait plus creuser ses sillons
jusqu'à la limite extrême de son champ et qu'ainsi une
petite partie de son champ resterait en friches. Je pense
donc que l'usage dont il est question serait utilement
converti en règle légale , avec réserve du droit du voisin
à une indemnité chaque fois que le laboureur lui aura
causé quelque dommage en passant sur son fonds à un
moment inopportun.

Je m'arrêterai également un instant sur les deux contrats que je viens de mentionner, le bail à ferme et le bail
à cheptel, pour demander la modification de deux ou trois
dispositions qui les régissent. Si , comme je l'exprimais,
la législation qui les concerne est en général complète et
sage , cela ne signifie pas qu'elle soit parfaite au point
qu'il n'y ait absolument rien à y retoucher.

Je n'ai du reste qu'une seule observation à faire relativement au bail à ferme. L'article 1769 du Code civil
contient une règle équitable : il veut que , lorsque plus
de la moitié d'une récolte est détruite par cas fortuit , le

fermier puisse ou ne puisse pas demander une remise du prix de location, selon qu'il n'est pas ou qu'il est indemnisé par les récoltes précédentes ou bien par les récoltes futures. S'il est indemnisé par les récoltes précédentes, tout est réglé immédiatement et définitivement; s'il n'est pas indemnisé par elles, la remise du prix ne peut avoir lieu qu'à la fin du bail.

Le vœu de la loi est manifeste et il est aussi équitable que manifeste. Ce vœu, c'est que, si, dans le cours du bail, plus de la moitié d'une récolte se trouve détruite, il soit fait compensation de toutes les années de jouissance pour savoir si l'ensemble des récoltes de ces années couvre la perte éprouvée par le fermier : de telle sorte que le fermier, privé de plus d'une moitié de récolte, doit toujours obtenir une réduction de fermage, lorsque la totalité des récoltes ne l'indemnise pas, et qu'il ne doit jamais en obtenir, lorsque la totalité des récoltes l'indemnise au contraire.

Eh bien ! ce vœu de la loi ne peut pas être rempli, par suite même de sa disposition sur la manière de calculer le dommage éprouvé ou le bénéfice réalisé par le preneur. Pour qu'il puisse l'être, il faut que toujours et dans tous le cas le calcul de compensation entre les bénéfices et les pertes, entre les bonnes et les mauvaises années, soit reporté à la fin du bail.

En effet, supposons qu'un bail ait été conclu pour six ans et que la récolte moyenne, ordinaire, du champ loué soit de cent sacs de n'importe quelle production.

Si, pendant la première et la seconde année réunies, le champ rapporte au fermier deux cent soixante sacs, au lieu de deux cents, et que la récolte de la troisième année ne soit que de quarante sacs, le fermier n'est censé éprouver aucun préjudice. Cependant la quatrième, la cinquième et la sixième année peuvent lui être défavorables et ne lui rapporter que soixante sacs chacune, au lieu de cent, ou ensemble cent quatre-vingts, au lieu de trois cents. En cette occurrence, le fermier ne sera réellement pas indemnisé de la perte qu'il a faite la troisième année, puisque, sur la totalité des récoltes, il éprouvera un déficit de cent vingt sacs, sur le rendement moyen qu'auraient dû donner les récoltes; et cependant il ne pourra demander aucune réduction du prix pour la perte de plus de moitié qu'il a subie la troisième année.

On voit par là que, dans l'hypothèse où le fermier se trouve indemnisé par les récoltes antérieures au moment où une partie notable d'une récolte est détruite aussi bien que dans l'hypothèse contraire, il convient de n'opérer la compensation entre les bonnes et les mauvaises années qu'à l'expiration du bail.

Quant au bail à cheptel, certaines dispositions qui le régissent prêtent le flanc à la critique.

C'est d'abord celle de l'article 1810, d'après laquelle, « si le cheptel périt en entier sans la faute du preneur, la perte en est pour le bailleur — s'il n'en périt qu'une partie, la perte est supportée en commun. »

On a fort bien remarqué que c'était là une règle peu judicieuse, parce que, dans telle circonstance donnée, le preneur, débiteur en cas de perte partielle, indemne en cas de perte totale, est intéressé à laisser périr le cheptel entier. D'ailleurs la distinction que fait la loi n'est pas fondée en raison. Si les principes du droit veulent que le preneur participe aux pertes, il doit y participer, que la destruction du cheptel soit complète ou incomplète; s'ils ne le veulent pas, il ne doit pas plus

y participer dans un cas que dans l'autre. Mais doit-il y
participer? Les auteurs répondent affirmativement sur la
foi de Pothier. Je me permettrai cependant d'exprimer
un avis différent. Soit qu'on applique au cheptel simple,
duquel seulement il s'agit ici, les règles ordinaires des
baux, soit qu'on lui applique les règles des sociétés, la
perte totale ou partielle ne doit aucunement être à la
charge du preneur, parce que, dans les baux comme dans
les sociétés où la jouissance seule d'une chose a été mise
en commun, la perte est supportée par le maître de la
chose; or, dans le cheptel simple, le bailleur est seul
propriétaire des bêtes. L'opinion que j'émets est aussi
plus en rapport avec l'esprit général de la loi qui suppose
que ceux qui prennent des cheptels sont des cultivateurs
peu aisés, qui pourraient par conséquent se trouver
ruinés, s'ils étaient obligés de supporter les pertes, même
pour partie. Le seul motif que l'on puisse alléguer et que
l'on allègue en effet pour leur imposer cette obligation,
c'est qu'elle les force à veiller avec soin à la conservation
du cheptel. Cette considération ne me touche nullement,
parce que le preneur, répondant toujours de sa faute et
ne pouvant se soustraire à la responsabilité qu'à la condition que la perte soit le résultat d'un cas fortuit, sera
toujours indirectement tenu d'établir que la perte n'est
pas le résultat d'une faute, d'un défaut de soins; car le
cas fortuit ne se présume pas et c'est toujours à celui qui
l'invoque à en prouver l'existence.

Les autres articles du Code civil sur le bail à cheptel
qu'il faut modifier sont les articles 1811, 1819 et 1823.
Tous les trois ont un même effet, qui est de restreindre
arbitrairement ou sous un prétexte insuffisant la liberté
des conventions. Tous les trois partent de cette idée que

les preneurs à cheptel sont ordinairement de pauvres
gens sans instruction et sans intelligence qu'il est humain
de protéger contre les séductions et les habiletés de bailleurs cupides qui n'hésiteraient pas à abuser de leur misérable position. En conséquence, le premier décide que,
dans le cheptel simple, on ne peut stipuler « que le preneur supportera la perte totale du cheptel arrivée par
cas fortuit ; ou qu'il supportera dans la perte une part
plus grande que dans le profit ; ou que le bailleur pré-
lèvera, à la fin du bail, quelque chose de plus que le
cheptel qu'il a fourni » ; le second que « dans le cheptel à
moitié, il est interdit d'attribuer au bailleur un profit
quelconque dans les laitages, fumiers et travaux des bêtes,
ni plus de la moitié des laines et du croît » : interdiction
qui existe aussi dans le cheptel simple ; le troisième que,
« dans le cheptel donné au colon partiaire, de même que
dans le cheptel simple, il est défendu de convenir que le
colon sera tenu de toute la perte. »

Le désir de protéger la misère ou l'ignorance des preneurs contre la spéculation et l'astuce des bailleurs est
sans doute fort honorable. Malheureusement il y a cent
à parier contre un que la loi n'atteint pas son but ; que,
vu précisément la condition infime des preneurs et faute
par eux de pouvoir faire valoir leurs droits en justice,
elle ne met pas obstacle à ce qu'ils soient livrés à la merci
des bailleurs, et que, dans tous les cas, pour une convention scandaleuse dont elle empêche la formation, elle
en entrave un grand nombre d'autres qui n'auraient rien
que de très-licite et que de très-honnête. La science
économique a porté son jugement sur ces restrictions
mises à la liberté des contrats sous prétexte de protéger
une classe de personnes contre une autre classe et elle

en a prononcé la condamnation. C'est à la seule liberté,
à là liberté pleine et entière des contractants , qu'il faut
demander les garanties dont chacun a besoin, comme aussi
c'est la liberté seule qui peut pourvoir aux diverses exigences des transactions. Elle suffit , parce que l'intérêt
individuel est en général suffisant pour donner à chacun
la clairvoyance et le tenir en garde des pièges ; et ainsi
la loi doit se borner à intervenir dans deux cas uniques :
pour réprimer les manœuvres frauduleuses dans les conventions, pour interdire les stipulations qui seraient contraires aux bonnes mœurs et à l'ordre public. N'est-ce
pas d'ailleurs une véritable injure pour les petits cultivateurs que de les présenter comme incapables de discerner
les conditions sous lesquelles il leur sera avantageux ou
nuisible de se charger d'un cheptel ; de régler par suite,
en leur lieu et place, d'une manière impérative, quelques-
unes des stipulations les plus importantes du contrat?
N'est-il pas contraire à la vérité de les déclarer dénués
du sens nécessaire pour apprécier leurs propres intérêts?
Si l'on en doute, qu'on parcourt nos campagnes. Je ne
trouve donc dans les trois articles précités que des restrictions nuisibles, qui n'ont été maintenues jusqu'ici
que par la force de la tradition et des habitudes, mais
qui doivent disparaître sous la marche progressive et
libérale du droit.

Ce sont, dis-je, des restrictions nuisibles. Elle rendent
effectivement impossibles des conventions qui peuvent
être très-utiles aux agriculteurs. Ainsi, pour en donner
un seul exemple , voici un petit cultivateur qui n'a point
le moyen d'acheter les bestiaux dont il aurait besoin et
au moyen desquels il se créerait une position meilleure,
tant parce qu'il les emploierait au labour et qu'il en reti-

rerait le fumier nécessaire aux quelques prés et aux
quelques champs qu'il possède que parce qu'il n'aurait plus à acheter à un prix, relativement onéreux pour
lui, le lait nécessaire à sa famille et à l'engraissement
de ses porcs. Il connaît un propriétaire qui lui donnerait
volontiers des bœufs et des vaches, si les conditions du
contrat étaient libres; mais le propriétaire refuse, parce
qu'il veut d'abord, ce qui se comprend aisément, qu'on
lui garantisse la restitution du bétail à la fin du bail,
sans qu'on puisse se retrancher derrière des exceptions
tirées de cas fortuit, qui l'exposeraient à perdre ses bêtes
et l'engageraient dans les contestations qu'il redoute,
il refuse encore, parce qu'il désirerait s'attribuer le profit entier du croît, ainsi que tirer du cheptel le lait des-
aura rendu service au petit cultivateur en lui défendant
d'accepter ces conditions qui sont tout-à-fait raison-
nables?

Je demande donc que toutes ces dispositions soient
modifiées dans le sens de la liberté des conventions.

Indiquons maintenant les conventions ou les droits
que le Code rural pourrait mentionner et régler utilement.

Pourquoi ne pas parler du bail à domaine congéable,
que l'agriculture emploie dans certaines provinces de la
France? Ce bail, appelé aussi bail à convenant, fut maintenu par les lois révolutionnaires, après avoir été toutefois supprimé pendant quelque temps. C'est la convention par laquelle un propriétaire cède à titre de bail
indéfini et moyennant une redevance annuelle un fonds
rural, et, à titre de vente et de propriété, les édifices et
les superfices existant sur ce fonds. Le propriétaire

comme le preneur ont en tout temps le droit de rompre
le bail : en cas de rupture, le bailleur rentre dans la propriété des édifices et superfices, à charge d'en payer la
valeur au preneur.

Il n'y a aucune raison de supprimer ce contrat ; et il
y en a une très-bonne pour le maintenir : c'est qu'il est
dans les habitudes invétérées des habitants de l'ouest,
particulièrement de la Bretagne. Mais est-il convenable
que l'on soit forcé de recourir aux anciennes coutumes
et aux dispositions incomplètes des lois révolutionnaires
pour en chercher les règles ? C'est donc le cas de les
formuler dans le Code rural, d'autant plus qu'il est nécessaire d'y introduire une modification. Les auteurs
enseignent qu'aujourd'hui encore le propriétaire et le
preneur peuvent valablement s'engager l'un envers l'autre
à ne pas rombre le bail: ce qui paraît contraire au principe de la prohibition de la perpétuité dans les baux.

De même, le droit de superficie est à peine mentionné
dans notre législation civile. Ce droit, il est vrai, ne concerne pas seulement les biens ruraux ; cependant c'est
sur ces biens qu'il est assis le plus fréquemment et c'est
par rapport à eux qu'il serait utile d'en poser et, j'ajoute,
d'en reviser les règles anciennes. Je ne suis pas plus
partisan du droit de superficie que de l'emphytéose perpétuelle. Seulement, tandis que c'est surtout la raison
politique qui a fait prohiber celle-ci, c'est uniquement
la raison économique qui doit faire, je ne dis pas supprimer, mais complètement modifier celui-là. Les droits
respectifs du propriétaire du tréfonds et du propriétaire
de la superficie se heurtent et se gênent réciproquement ;
aucun ne peut retirer de la propriété tous les avantages
qu'elle est susceptible de procurer, à cause du droit rival

qui s'élève en face du sien ; aucun non plus n'est disposé
à y faire des améliorations, parce que nul ne se livre
volontiers à des dépenses dont il ne profitera pas exclusivement. A cet égard, le droit de superficie est hostile
aux intérêts agricoles. Il maintient d'ailleurs les propriétaires en état d'indivision. Sans doute, ce n'est pas l'indivision proprement dite qui, existant relativement à
l'immeuble même, fait que chaque propriétaire a un
droit égal sur l'ensemble de la propriété indivise. Mais
qu'importe que l'indivision n'existe pas quant à l'immeuble qui présente deux propriétés parfaitement divisées
et qu'elle n'existe que relativement aux personnes des
propriétaires, si elle a des résultats aussi défavorables
que l'indivision proprement dite. Il faut donc autoriser
chacun des propriétaires à en sortir. Cela ne paraît pas
pouvoir se faire par la faculté de rachat que l'on accor-
derait, soit au propriétaire du tréfonds, soit à celui de la
superficie, parce que chacun d'eux ayant un droit de
propriété et les droits de propriété étant de leur nature
égaux entre eux, le droit de l'un n'est pas plus fort et ne
mérite pas plus de faveur que le droit de l'autre. Il n'y
a donc pas d'autre moyen que de recourir à la licitation.

Telle doit être, du moins dans mon opinion, la mesure à prendre pour les droits de superficie anciennement constitués. Quant à ceux qui pourraient l'être dans
l'avenir, je ne crois pas qu'ils doivent être interdits
d'une manière absolue. Ce n'est pas leur existence qui
offre un inconvénient majeur, c'est le caractère de perpétuité dont ils sont affectés. Il ne serait donc pas convenable d'en interdire l'établissement temporaire à ceux
qui y trouveraient quelque avantage. La loi pourrait donc
permettre de les stipuler pour trente ans. J'indique le

terme de trente ans, parce que c'est celui qu'a adopté le
Code Napoléon pour la durée d'un usufruit constitué sur
la tête d'une personne de main-morte et pour celle de
l'obligation de servir, sans pouvoir la racheter, la rente
établie pour prix de la concession d'un immeuble. Après
ce délai, le propriétaire du tréfonds aurait le droit de
rentrer dans la pleine et entière jouissance de sa propriété.

Il est d'autres droits qui ont une nature et des effets
analogues à ceux du droit de superficie. Ils en diffèrent cependant en ce que les propriétaires divers ont des droits
de propriété distincts non sur le fonds, mais sur les produits de ce fonds.

Ils ne constituent pas d'ailleurs des droits d'usufruit
ou d'usage, puisque l'usufruit ou l'usage sont des droits
personnels et non transmissibles, ni des droits de servitude, puisque une servitude foncière ne saurait être établie au profit d'une personne. Quel est donc leur caractère ? C'est de former, comme le dit Merlin, une propriété partiaire ou un partage de la propriété. Tel est le
cas où deux personnes ont, sur un même fonds, l'une la
propriété exclusive des arbres, l'autre la propriété exclusive des herbes ; ou bien encore celui où l'une a seule
droit aux premières herbes et l'autre seule droit aux secondes. Ce partage dans les prérogatives de la propriété
et dans les produits d'un fonds unique présente les
mêmes inconvénients que le droit de superficie. Ainsi,
pour prendre le cas où les premières et les secondes
herbes appartiennent à des propriétaires différents, ni l'un
ni l'autre ne se souciera de faire sur le pré les améliorations
qu'il comporte, par la raison que chacun se dira que la
moitié de ses dépenses serait faite en pure perte, puis-

qu'un autre partagerait avec lui le profit des améliorations. De plus, le propriétaire des premières herbes peut, en les coupant en temps inopportun, causer un préjudice considérable au propriétaire des secondes herbes. Il ne serait pas superflu que le code rural contînt un mot sur ces droits dont aucune loi ne parle. Mais je ferai remarquer que, la propriété distincte ne portant que sur les produits et le fonds même restant dans l'indivision, chacun des copropriétaires a par cela même le pouvoir d'agir en licitation. Toutefois il en serait autrement, si l'un avait la propriété exclusive du fonds avec celle de certains produits, tandis que le droit de l'autre ne porterait que sur des produits. Mais alors ce serait un droit de superficie partiel que posséderait ce dernier et par conséquent ce droit devrait être soumis aux règles que j'indiquais tout à l'heure.

J'en dirai tout autant de certains droits qui n'ont pas le caractère de droits de propriété, mais seulement de droits d'usage et dont il faudrait dès lors dégrever la propriété moyennant une indemnité à payer aux ayants-droit. Ainsi la loi de 1791 maintient le droit en vertu duquel, en certains lieux, les prairies deviennent communes à tous les habitants, soit après la coupe de la première herbe, soit à toute autre époque ; et, lorsque ce droit est fondé sur un titre, la clôture n'en affranchit pas les propriétés. Ainsi encore la jurisprudence maintient des droits de pâturage qui ne rentrent pas dans la classe des droits de vaine pâture, mais qui au fond sont quelquefois bien plus préjudiciables à l'agriculture, parce qu'ils entravent davantage le plein exercice des droits de la propriété. Il faut débarrasser la propriété de ces droits et de ces charges. Il n'y a plus que les services fonciers

qui doivent désormais peser sur elle d'une manière perpétuelle.

Il importe aussi d'appeler l'attention du législateur sur
d'anciens contrats dont le sort, malgré les lois révolutionnaires et les arrêts qui ont interprêté ces lois, reste
encore plus ou moins indécis ou dont le maintien n'est
plus compatible avec l'esprit du droit civil moderne.

Les lois révolutionnaires n'ont eu qu'un but : celui
d'affranchir la propriété. Mais entre les mains de qui
devait-elle être affranchie et, par conséquent, quel était
celui que l'on devait reconnaître comme propriétaire?
était-ce celui qui possédait la directe ou celui qui était
nanti du domaine utile? Elles ont considéré que le véritable propriétaire était celui qui jouissait du domaine
utile; et c'est en partant de cette manière de voir,
qu'elles ont déclaré qu'il serait dorénavant propriétaire
absolu et exclusif et l'ont libéré des charges perpétuelles
qui grevaient sa terre, purement et simplement ou sous
la condition d'une indemnité à payer au possesseur de la
directe, selon que cette directe était féodale ou non.

Mais jamais ces lois n'ont entendu attribuer la propriété
à ceux auxquels elle n'appartenait réellement pas. Jamais
elles n'ont voulu transformer un simple preneur, lors
même que son bail serait perpétuel, en propriétaire.

Il suit de là, d'après la jurisprudence, que les baux,
dans lesquels la propriété pleine et entière est retenue
par le bailleur, subsistent encore dans toute leur validité,
surtout s'ils ne paraissent pas avoir un caractère de perpétuité. La faculté de rachat, octroyée aux possesseurs du
domaine utile, n'existe donc pas au profit du preneur.

Cela doit être : il ne doit pas lui être permis de changer son droit de jouissance en un droit de propriété.

Application de ces principes a été faite à différents baux, notamment aux baux à devoirs de tiers et aux baux à colonage perpétuel d'une part et d'autre part au bail héréditaire d'Alsace et au bail à complant. En ce qui concerne ces derniers, la jurisprudence s'est fondée en outre, pour refuser la faculté de rachat, sur ce fait qu'ils n'étaient point empreints du caractère de la perpétuité. Le bail d'Alsace est celui par lequel un propriétaire cède la jouissance d'un domaine à un fermier et à sa descendance. Le bail doit durer indéfiniment; il ne doit prendre fin que par l'extinction de la race du preneur. Le bail à complant est celui par lequel un propriétaire cède la jouissance d'une vigne, jusqu'à la destruction de la vigne. Or, d'après la jurisprudence, le caractère de perpétuité ne se rencontre ni dans l'un ni dans l'autre de ces baux : pas dans le bail d'Alsace, parce qu'il arrivera, dans un avenir bien éloigné peut-être mais certain, que la race des fermiers s'éteindra; pas dans le bail à complant, parce que, malgré le provignage continuel, la vigne ne peut perpétuellement durer. Ces faits, qui servent de bases à la jurisprudence, sont fort contestables en théorie ; mais, en admettant qu'ils soient exacts, on n'en est pas moins forcé de reconnaître que la longue et surtout l'indéfinie durée de ces baux offre en pratique absolument les mêmes inconvénients que ceux qui résultent des baux perpétuels.

Quoi qu'il en soit, la législation présente cette anomalie qu'il existe encore des baux perpétuels ou y équivalant, alors que leur abolition est certainement dans son esprit.

Le législateur doit intervenir ici, et le Code rural lui en fournit l'occasion. Il doit intervenir pour autoriser la faculté de rachat, faculté qu'on accordera, non pas au preneur, mais au propriétaire. Non pas au preneur, car ce serait une véritable expropriation du bailleur, qui est le seul propriétaire. Quant à l'octroi de cette faculté au bailleur, il rentrerait tout-à-fait dans l'esprit des lois révolutionnaires. Ces lois, je l'ai dit, ont voulu affranchir la propriété des charges et des redevances perpétuelles qui la grevaient et l'affranchir entre les mains des propriétaires mêmes sur la tête desquels ils la maintenaient. La règle générale était que la propriété appartenait plutôt aux preneurs possédant le domaine utile qu'aux bailleurs ne possédant plus que la directe ; et c'est pourquoi le droit de rachat a été accordé aux preneurs. Mais, par la même raison, ce droit doit être accordé aux bailleurs, lorsque ce sont eux qui sont reconnus avoir conservé la propriété. Il n'y aurait, je le répète, dans cette mesure, que l'application du principe qui a présidé à la rédaction des décrets de l'assemblée constituante. Mais cette mesure, si utile et si opportune qu'elle fut, ne saurait être l'œuvre des tribunaux, car les tribunaux n'ont pas le pouvoir de modifier les droits des parties et les clauses des contrats. C'est un pouvoir qui n'appartient qu'à la loi ; or, toutes les lois qui ont autorisé le rachat ne l'ont jamais accordé qu'aux possesseurs, qu'aux détenteurs ayant la jouissance des biens.

Voilà pour les bailleurs. Mais les preneurs seront-ils obligés de subir perpétuellement le bail et ne pourront-ils le rompre, en se refusant à la culture, qu'à charge de payer des dommages-intérêts aux propriétaires ? Ce serait assez ridicule en présence de la loi des 18-29 décembre 1790 qui interdit pour l'avenir tout bail perpétuel et ne permet d'en conclure que pour une durée de quatre-vingt-dix-neuf ans au plus. Quoique cette loi ne statue que pour l'avenir, il n'est pas à croire que le bail à devoir de tiers, le colonage perpétuel et même le bail à complant et le bail héréditaire d'Alsace, après avoir échappé à l'empire des autres lois auxquelles j'ai fait allusion, puissent également se soustraire à l'empire de celle-ci. Il faut penser que désormais tout bail quel qu'il soit est réductible à quatre-vingt-dix-neuf ans. Mais, comme cela n'est pas absolument certain et que, faute de texte législatif sur ce point, on pourrait le contester, il ne serait pas superflu que le législateur le déclarât formellement.

Cette réduction s'appliquerait même au bail héréditaire et au bail à comptant. On ne serait pas autorisé à en demander la continuation, à l'expiration des quatre-vingt-dix-neuf ans, sous prétexte que la descendance du fermier existe encore et cultive la ferme ou que la vigne est toujours productive. Cependant, comme le bail héréditaire d'Alsace est constitué sur la tête du preneur et de ses descendants de génération en génération, il semble qu'il serait logique de lui appliquer, non pas la disposition de la loi des 18-29 décembre 1790 qui limite la durée du bail à quatre vingt-dix-neuf ans, mais celle qui ne permet de le constituer que sur trois têtes.

En outre, si l'on admet que la loi précitée s'applique dans son esprit aux différents baux dont je viens de m'occuper et qu'ainsi la déclaration que le législateur ferait à cet égard dans le Code rural serait plutôt interprétative d'une règle ancienne qu'introductive d'une règle nouvelle, la durée de quatre-vingt-dix-neuf ans devrait être supputée à partir de cette loi et non pas à partir de la publication du Code rural?

Enfin, pourquoi le législateur ne ferait-il pas mention dans le Code rural du bail à vie constitué successivement sur plusieurs têtes et n'excédant pas le nombre de trois, au lieu de le laisser en quelque.sorte rélégué et inaperçu dans la loi de 1790 ? Le but du bail héréditaire d'Alsace était d'assurer aux propriétaires une succession assurée de bons fermiers. Pareil serait, quoique dans une mesure moindre, l'objet des baux à vie établis succesivement sur plusieurs têtes. Comme ces baux sont licites, pourvu que le nombre des têtes ne soit pas de plus de trois, et qu'ils sont susceptibles d'entrer dans la.pratique des propriétaires, il y a lieu de les réglementer, et notamment il faut investir les preneurs d'un droit réel, semblable à celui qu'ils avaient autrefois dans le bail d'Alsace et qu'ils auront désormais dans l'emphytéose.

IX.

Les titres du livre Ier du Code rural, qu'il me reste à examiner, et qui sont au nombre de quatre, concernent les animaux et contiennent des dispositions qui consistent pour la plupart dans la reproduction de lois actuellement en vigueur. Le dernier titre est relatif aux bêtes nuisibles à l'agriculture. Les autres sont consacrés aux animaux employés ou attachés aux exploitations rurales et ils s'en occupent sous quatre rapports différents : sous celui des dommages qu'ils peuvent causer, sous celui des dommages qu'on pourrait leur causer en les saisissant et en les déplaçant en temps inopportun, sous celui des vices qui entraînent la rédhibition des ventes et des échanges, et enfin sous celui de l'acquisition ou de la perte de leur propriété en certains cas.

« Les volailles et autres animaux de basse-cour qui s'enfuient dans les propriétés voisines ne cessent pas d'appartenir à leurs maîtres , quoiqu'il les ait perdus de vue ; il peut les réclamer, mais seulement dans les huit jours à partir de celui où il a connu le lieu de leur retraite. » Les poules, les oies, les canards, les dindons, étant des animaux de nature domestique et non sauvage, restent la propriété du maître de la basse-cour qu'ils quittent et ne se réunissent pas par accession à la basse-cour où ils émigrent. C'est la remarque que faisaient déjà les *Insistutes* de Justinien. Mais ce qui fait l'utilité de la règle du projet , c'est d'abord la prescription de l'action en restitution , qu'elle établit et qui est de huit jours, au lieu de trente ans. Car le possesseur immédiat des volailles qui se sont échappées est sujet à une action personnelle en restitution , dont la durée ordinaire est toujours de trente ans , et non à l'action réelle en revendication que l'article 2279 du Code Napoléon a pour objet de régler. En outre, d'après cet article, la possession des objets mobiliers par le détenteur qui les a acquis de celui qui est tenu de l'action personnelle en restitution vaut titre pour lui et ces objets ne peuvent être revendiqués entre ses mains que pendant trois ans et seulement lorsqu'ils ont été volés ou perdus. Or des volailles qui s'enfuient sont vraisemblablement des objets perdus. Cependant l'action tendant à les revendiquer ne pourra plus s'exercer pendant trois ans contre le détenteur, car la généralité de la règle énoncée dans le projet embrasse tous les cas. Et c'est avec raison.

En effet, après deux ans, deux ans et demi, en supposant d'ailleurs que les volailles qui se sont enfuies existent encore, il y aurait trop de difficulté à les reconnaître, et les réclamations donneraient lieu à des contestations inextricables. Une courte prescription limite donc à la fois et l'action en restitution et l'action en revendication. Elle est de huit jours et elle court à partir, non du jour où les volailles se sont enfuies, mais de celui où le propriétaire a connu le lieu de leur retraite. Peut-être le but du législateur, qui était de tarir la source des contestations, eut-il été mieux atteint par l'établissement d'une prescription plus longue, mais dont le point de départ eut été le moment de la fuite des volailles. Car, même dans le système du projet, il peut s'écouler un an, deux ans et plus, jusqu'à ce que la prescription soit accomplie, ce qui, comme je viens de le dire, est une cause de difficultés insolubles auxquelles les auteurs du projet ont eu l'intention de couper court : difficultés qui peuvent se compliquer encore de contestations sur le point de savoir si le propriétaire a ou n'a pas connu le lieu de la retraite des volailles. Le Code civil autrichien donne au propriétaire quarante-deux jours pour retrouver les animaux qui se sont échappés. La règle du projet paraît plus conforme à l'équité ; mais celle du Code autrichien, plus en harmonie avec l'ordre public, me semble bien préférable en pratique ; et c'est elle que je voudrais voir insérée dans la rédaction définitive du Code rural. La seule objection spécieuse que l'on pourrait faire consisterait à dire que le maître de la basse-cour où les volailles se sont réfugiées n'aurait qu'à les cacher pendant le délai de la prescription pour devenir ainsi à son gré et avec mauvaise foi propriétaire du bien d'autrui. Cette objection serait sans valeur ; car, évidemment, s'il y a eu une fraude quel-

23

conque de sa part , il resterait soumis aux actions et aux prescriptions ordinaires , relatives aux faits illicites et dommageables : comme aussi , dans le cas de vol des volailles , le possesseur qui les aurait acquises du voleur pourrait en être évincé pendant trois ans, car la règle du projet ne s'applique que dans le cas de fuite des animaux de basse-cour.

C'est parce que les abeilles sont , à la différence des volailles, rangées dans la catégorie des animaux sauvages et qu'elles ne sont ainsi susceptibles de propriété privée qu'autant qu'on les a en sa possession et seulement pendant le temps de cette possession , qu'elles cessent d'appartenir à celui dont elles ont quitté le domaine pour devenir la propriété de celui chez lequel elles viennent s'établir. Toutefois elles continuent d'appartenir au maître qu'elles abandonnent, tant que celui-ci n'a point cessé de les suivre. Cette poursuite même est en effet un exercice et une attestation de son droit de propriété. Telles sont les dispositions du projet , reproduites des *Institutes* et conformes au droit naturel. Néanmoins , ici encore , je préfèrerais que l'on adoptât la règle du Code autrichien, d'après laquelle le propriétaire peut réclamer les abeilles pendant deux jours , qu'il les ait poursuivies ou non. En pratique , cette règle est infiniment meilleure , parce qu'elle est d'une extrême simplicité et qu'elle supprime les contestations qui peuvent surgir sur le point de savoir s'il y a eu ou non poursuite de l'essaim et si cette poursuite a été ou non interrompue. Ce même Code donne au maître des abeilles le droit de pénétrer sur les fonds d'autrui pour les suivre et les reprendre. Mais une décision contraire semblait prévaloir en droit romain. Je crois que la loi, pour être conséquente avec elle-même, doit lui

accorder ce droit, car qui veut la fin veut les moyens.
Dans tous les cas, le législateur doit s'en expliquer.

Les dispositions relatives aux dommages causés par les
animaux sont de deux espèces : celles qui règlent la réparation du dommage causé ; celles qui sont destinées à prévenir le dommage.

Aux premières se rattachent les articles 70 et 73 du
projet. L'article 70 donne au propriétaire le droit de
saisir ou de faire saisir les bestiaux non gardés qui ont
causé quelque dommage à sa propriété, à charge de les
faire mettre immédiatement en fourrière par le maire. Si
les animaux ne sont pas réclamés et les dommages-
intérêts payés dans la huitaine, « il est procédé à la vente
sur ordonnance du juge de paix ; et sur le prix, il est
satisfait aux dégâts. » Est-ce au maire ou au propriétaire
à requérir la vente ? Ce doit être au maire si le propriétaire n'agit pas. A qui appartiendra le reliquat du prix de
vente après le prélèvement des frais de vente et de l'indemnité du propriétaire lesé ? D'après l'article 40 du tarif
des frais en matière criminelle, il appartiendra à l'Etat,
parce qu'il doit être versé dans la caisse du receveur
d'enregistrement. Je pense qu'il devrait être versé dans
la caisse du receveur municipal et devenir la propriété de
la commune. Enfin, si l'ancien propriétaire de l'animal
se présente, pourra-t-il se faire restituer le reliquat et
dans quel délai? L'équité veut qu'il ait droit au remboursement. Si l'on applique par analogie les lois qui concernent les objets déposés dans les greffes des tribunaux
et vendus par l'administration de l'enregistrement, son
action durera trente ans. Mais ne serait-ce pas là un délai
trop long ? Quoi qu'il en soit, le Code rural doit régler
ces divers points.

L'art. 73 dispose que, indépendamment de la réparation du dommage qu'il peut poursuivre selon le droit commun, le propriétaire a le droit de tuer les volailles au moment où il les surprend sur sa propriété, mais sans pouvoir se les approprier. Quoique ce ne soit point là une règle nouvelle, elle ne me paraît pas heureuse. C'est quelque chose de choquant que d'obliger le propriétaire à laisser pourrir sur son champ, sans aucune utilité pour personne, les volailles qu'il y a abattues. Je comprends fort bien que la loi ne lui permette pas de se les approprier, de peur de l'encourager à les tuer et même à les attirer pour les tuer et pour se les approprier. Mais je ne vois pas pourquoi il ne serait pas tenu, de même que pour les bestiaux, d'en faire le dépôt entre les mains du maire, qui aurait à les envoyer à l'hospice le plus voisin, ou au bureau de bienfaisance de la commune, comme en matière de confiscation de gibier tué délictueusement. Le maire pourrait aussi être autorisé à les vendre immédiatement sans aucune espèce de formalités, dans le cas où il en serait requis par le propriétaire lésé, auquel il aurait le droit d'en attribuer le prix en totalité ou en partie pour la réparation du dommage causé, sauf à verser le surplus dans la caisse municipale. Cette mesure aurait un grand avantage, puisque, tandis qu'il est vraiment difficile que le maître d'un bœuf ou d'une vache et même d'une chèvre ou d'un mouton reste inconnu, il en est au contraire tout autrement de celui qui possède des oies ou des poules : d'autant que bien souvent ce dernier fera son possible pour se soustraire à toute recherche, aimant mieux perdre une ou plusieurs volailles que de payer des dommages-intérêts surpassant de beaucoup leur valeur. La mesure que j'indique est donc, en bien des circonstances, le seul moyen de garantir une réparation au moins partielle au propriétaire lésé.

Les règles destinées à prévenir les dommages consistent dans le droit attribué au préfet de déterminer les conditions sous lesquelles les chèvres peuvent être conduites et tenues au pâturage, de fixer les époques d'ouverture et de fermeture des colombiers, de régler la distance qui doit exister entre les ruches d'abeilles et les propriétés voisines ou la voie publique et surtout de prescrire toutes les mesures utiles ou nécessaires en cas de maladies contagieuses des animaux.

Ici, l'autorité administrative, le préfet sont dans leur rôle. Il ne s'agit plus d'une intervention dans la gestion des affaires d'une commune et de ses habitants, d'un contrôle qui paralyse inutilement l'activité et entrave abusivement les volontés et les actes de particuliers s'associant dans un intérêt commun. Il s'agit au contraire de protéger le public, de sauvegarder l'intérêt du grand nombre contre les faits ou la négligence des particuliers, lorsque cette négligence ou ces faits sont de nature à compromettre l'intérêt général, à violer l'ordre public. Et ceci est dans la sphère des droits et des devoirs de l'autorité publique.

Pour les épizooties, on ne peut en aucune façon critiquer les dispositions qui confèrent au préfet les pouvoirs nécessaires pour les prévenir ou les empêcher de s'étendre. Les obstacles à opposer à la marche d'une épidémie concernent, non pas une seule commune, mais un arrondissement, un département, une province, une région entière. Il ne serait ni prudent ni même possible de confier les mesures à prendre pour la combattre aux maires qui ignoreraient très-souvent celles que recommandent l'urgence ou l'utilité et qui n'auraient point qualité pour les rendre efficaces, puisqu'ils n'ont aucune compétence en-dehors de leurs communes.

Mais j'estime qu'il n'y aurait aucun inconvénient à attribuer à l'autorité municipale le droit de fixer les conditions de pâturage des chèvres, l'époque de la clôture ou de l'ouverture des colombiers, et la distance des ruches de la voie publique et des propriétés voisines. L'autorité municipale est plus compétente en pareille matière que l'autorité préfectorale. Aussi est-ce à elle que ce droit était confié par la loi de 1791, qui cependant ne remettait qu'au pouvoir central du département le soin de prévenir ou d'arrêter les maladies contagieuses des animaux. Ce sont même des objets qui pourraient être soumis aux délibérations des conseils municipaux : d'autant que les propriétaires lésés par les chèvres, les pigeons ou les abeilles, conservent en tout état de cause leur recours devant les tribunaux ordinaires selon le droit commun.

L'article 71, qui donne au préfet le pouvoir de déterminer les conditions sous lesquelles les chèvres peuvent être conduites et tenues au pâturage, se trouve placé mal à propos dans l'un des titres consacrés aux animaux : il doit être renvoyé au titre de la vaine pâture. Ce n'est pas là une simple réflexion touchant la forme et la rédaction de la loi. Cette observation a une très-grande importance. Il résulterait en effet de la loi, telle qu'elle est conçue actuellement, que le droit du préfet va jusqu'à imposer des conditions aux particuliers qui font paître leurs chèvres sur leurs propres champs, dans la limite de leurs propriétés privées. Et c'est du reste là, je le crois, la portée que les auteurs du projet ont entendu donner au prescrit de l'article 71. On ne saurait admettre que l'autorité administrative puisse en pareil cas mettre des bornes à l'exercice légitime et normal du droit de propriété. Tout propriétaire doit avoir le droit de faire paître librement ses chèvres sur son domaine, sans qu'il soit permis de lui imposer des conditions quelconques ; et par conséquent aussi quatre, six, dix propriétaires doivent avoir le droit de faire paître leurs chèvres sur leurs propriétés respectives. Sans doute, les chèvres peuvent causer du dégât aux propriétés voisines, si on les garde mal, si on ne prend pas les précautions suffisantes pour les empêcher d'y pénétrer. Mais à cet égard il est amplement pourvu aux intérêts des propriétaires qui éprouveraient quelque préjudice par l'action en dommages-intérêts qui leur compète selon le droit commun et par la solidarité de tous les possesseurs des chèvres qui ont été conduites au pâturage. Le respect dû à la propriété ne permet pas que le libre exercice des droits des propriétaires reçoive une atteinte hors du cas d'une nécessité ou d'une utilité publique considérable et évidente. Les dégâts commis par les chèvres lèseraient bien plutôt les intérêts privés de quelques voisins que l'intérêt public. Il n'y a donc pas lieu de restreindre sous ce rapport la liberté des propriétaires, quoique les chèvres soient plus vives, plus vagabondes et plus friandes que les autres bêtes de l'espèce ovine. La seule restriction que je comprenne est celle qui résulterait des obligations qu'on leur imposerait pendant le passage de ces animaux sur un chemin public, parce que, le chemin étant affecté à l'usage du public et d'un grand nombre de propriétaires dont il dessert les héritages, il semble effectivement assez naturel que l'autorité ait le droit de veiller à ce qu'on ne s'en serve pas au détriment du public et de ces propriétaires, et qu'elle intervienne pour régler, dans un cas particulier, l'usage d'un chemin qui n'appartient pas privativement à celui qui en use. Quant au droit de déterminer les conditions sous lesquelles peut s'exercer la vaine pâture, le pâturage communal des chèvres, il s'explique de lui-même; car, non-seulement la vaine pâture s'exerce sur des terres n'appartenant pas aux maîtres des chèvres, souvent contre le gré et quelquefois au détriment des propriétaires de ces terres, mais encore elle constitue en quelque sorte un droit d'usage et de jouissance publics que l'autorité publique doit pouvoir réglementer, si l'utilité générale l'exige. La disposition de l'article 71 du projet a été empruntée à la loi de 1791. Mais cette loi était bien plus nette et plus rationnelle. Elle imposait une condition aux propriétaires qui menaient leurs chèvres au pâturage, mais seulement lorsqu'il s'agissait du pâturage sur les terres d'autrui, c'est-à-dire de la vaine pâture. Et si elle s'occupait de ces mêmes chèvres en-dehors de l'exercice du droit de vaine pâture, ce n'était que pour déclarer, comme de juste, qu'elles ne pourraient pâturer sur le terrain d'autrui sans la permission du propriétaire de ce terrain. C'est à cause de cette dernière prescription, et aussi à cause de la sanction pénale qu'elle attachait à son infraction, que la loi de 1791 s'occupait du pâturage des chèvres ailleurs que dans son titre *de la vaine pâture*, et nullement parce qu'elle entendait limiter la liberté et l'absoluité du droit des propriétaires. Les auteurs du projet n'y ont peut-être pas suffisamment fait attention.

Je n'ai que quelques réflexions à faire sur les dispositions relatives aux maladies contagieuses des animaux. Le projet est muet sur les mesures que les préfets sont autorisés à prendre pour combattre les épizooties ; il les investit d'une omnipotence absolue. Quelque ennemi que je sois de l'arbitraire, je crois que ce système est le meilleur. Il n'est pas possible que la loi prévoie toutes les mesures qui, selon la nature ou la gravité ou l'étendue des maladies, peuvent être nécessaires et qui peut-être aussi peuvent n'être indiquées que dans l'avenir par l'expérience et par la science. Une epidémie qui se déclare parmi les animaux est un fait qui menace d'une manière si terrible l'agriculture et le pays tout entier, qu'il est indispensable que l'autorité administrative soit à même de faire face immédiatement à toutes les nécessités, à toutes les éventualités. Le projet n'abroge pas d'ailleurs les actes législatifs assez nombreux qui énumèrent les pouvoirs et les obligations de l'administration. Seulement si le préfet trouve insuffisantes les mesures que ces actes lui donnent le droit de prendre, il est autorisé à aviser par lui-même à d'autres moyens.

On voit par là qu'il n'est pas nécessaire de mentionner expressément le pouvoir du préfet de prohiber momentanément la circulation de certaines espèces d'animaux, ainsi que le demande la société vétérinaire d'Alsace, dans un mémoire récent qu'elle a adressé au ministre de l'agriculture. Ce pouvoir est virtuellement compris dans les droits généraux qui lui sont conférés.

Mais j'adhère pleinement à la motion de cette société, sollicitant l'établissement d'un conseil sanitaire vétérinaire auprès du préfet. Par lui-même évidemment ce magistrat ne saurait connaître les mesures diverses qu'exigent soit la nature soit l'importance de la maladie ; il doit donc être tenu de consulter les hommes de l'art, les gens experts en pareille matière. Je n'ai point à m'occuper ici (car cela ne saurait rentrer dans le cadre du code rural) de la composition et de la formation de ce conseil et plus généralement de l'organisation du service vétérinaire. Je tiens seulement à dire que, selon moi, le conseil préfectoral ne devrait pas être composé exclusivement de vétérinaires, mais qu'il conviendrait d'y appeler aussi des agriculteurs, en nombre au moins égal à celui des vétérinaires.

Parmi les actes législatifs auxquels je faisais allusion tout à l'heure, se trouvent d'anciens arrêts du conseil du roi, qui ont posé le principe et déterminé les bases de l'indemnité due aux propriétaires dont les bêtes ont été abattues par mesure de sureté ou de précaution. Il est à désirer, comme l'a fait observer la société vétérinaire d'Alsace, que ce principe soit rappelé dans le code rural, non pas tant à cause du caractère de justice dont il est empreint et qui ne permet pas de le considérer comme n'étant que d'une application facultative que par suite de l'utilité pratique qui résulterait de son inscription dans la loi. Je n'hésite pas à dire que ce serait le meilleur moyen d'assurer une sanction efficace à la disposition qui ordonne aux propriétaires de bêtes soupçonnées d'être atteintes de maladies contagieuses d'en faire sur le champ la déclaration au maire. S'il est une loi que les cultivateurs prendront la peine de lire et de méditer, c'est assurément le code rural. Or ils y verront que le maire averti par eux a le droit d'ordonner l'abatage immédiat des animaux malades. Il faudrait ne pas connaître du tout les cultivateurs, pour s'imaginer que, devant ce droit pur et simple du maire de faire abattre les animaux, ils se laisseront convaincre même par l'évidence que leurs

bêtes sont sérieusement malades et que leur maladie est
une maladie contagieuse ; pour croire qu'ils ne se per-
snaderont'pas dans tous les cas de la possibilité de les
sauver. Il faudrait ne pas les connaître pour douter qu'ils
ne préféreront pas courir tous les risques, même celui
d'être traduits en police correctionnelle et d'être condam-
nés à la peine prononcée par l'article 459 du code pénal,
plutôt que de faire une déclaration qui aura pour conséquence l'abatage, la perte certaine des animaux. Voilà
pourquoi il est bon qu'en regard des prescriptions qui
leur paraîtront rigoureuses, le code rural contienne un
article dont la lecture les rassure sur leur intérêts et les
engage en quelque sorte à faire la déclaration prescrite.

A ce propos, j'ajouterai qu'il serait très utile d'imposer
aux vétérinaires, qui s'aperçoivent de l'existence d'une
maladie contagieuse, l'obligation d'en faire à l'autorité
la déclaration immédiate. Les vétérinaires auront toujours
sur l'existence de la maladie une certitude que ne sauraient
avoir de simples agriculteurs et de plus ils ne se laisseront pas, comme ceux-ci, influencer par la crainte de
compromettre leur intérèts. Je me rallie encore sur ce
point à l'avis de la société d'Alsace.

Mais je ne pense pas avec elle que le législateur doive
fixer lui-même, comme il l'a fait en 1866 pour le cas de
typhus, le *quantum* et la répartition des indemnités suivant les cas divers ni que ces indemnités doivent être
réglées par des arrêtés préfectoraux.

Il est clair que la loi ne peut pas prévoir la multipli-
cité des cas qui peuvent se présenter, ni entrer dans le
détail de toutes les circonstances dont il faut tenir compte
dans chaque espèce pour allouer les indemnités avec
équité et ne pas léser soit le trésor public soit les

propriétaires d'animaux. C'est pourquoi il me paraît que cette fixation doit être réservée à un verdict de jury et nullement à un arrêté de préfet. L'abatage des animaux lorsqu'une maladie contagieuse sévit, est sous certains rapports assimilable à une expropriation pour cause d'utilité publique. L'indemnité n'est pas une faveur accordée à titre gracieux par l'autorité ; c'est un droit qui compète aux propriétaires qui sont dès lors autorisés à en prouver l'existence et à en débattre les éléments devant des juges à la fois compétents et indépendants. Au surplus, si le conseil sanitaire, dont je parlais à l'instant, au lieu d'être à la nomination du préfet, émanait de l'élection, ainsi que cela serait désirable, je ne verrais aucun inconvénient à ce qu'il se constituât en jury pour statuer souverainement sur les questions d'indemnité.

Comme je l'ai dit plus haut, le projet s'occupe aussi des animaux nuisibles à l'agriculture, savoir les loups, les sangliers, les renards, les blaireaux. Il donne au préfet le pouvoir d'ordonner, toutes les fois qu'il le jugera convenable, des battues générales ou particulières contre ces animaux et, par voie de conséquence, celui d'en autoriser le colportage et la vente pendant le temps des battues. Il déclare de plus le propriétaire des terrains, où sont établis des lapins, responsable des dommages que ces animaux causent aux propriétés voisines. Telles sont en substance les dispositions du titre IX.

Ces dispositions n'ont rien de bien nouveau ; elles résultaient déjà des lois ou de la jurisprudence. Mais je crois qu'elles pourraient être utilement complétées.

Il n'y a pas que les bêtes fauves qui causent des dommages à la propriété et sont préjudiciables à l'agriculture. Le chevreuil, le daim, le cerf, la biche, le lièvre sont quelquefois, au point de vue agricole, des animaux plus nuisibles que les loups ou les renards. Les champs qui se trouvent aux abords des forêts giboyeuses sont souvent dévastés par eux. Il serait contraire à l'esprit qui a dicté la loi de 1844 sur la chasse de permettre aux propriétaires de les tuer, en tout temps et sans autorisation, au moment où ils commettent des dégats sur leurs propriétés. Mais lorsque, dans des années exceptionnelles, ces animaux, les lièvres surtout, sont si nombreux dans une région que leur présence est un véritable fléau pour les agriculteurs riverains des forêts, pourquoi ceux-ci ne pourraient-ils pas être spécialement autorisés par le préfet à les tuer, sur leurs propriétés seulement bien entendu ? Il est de droit naturel que les propriétaires aient le pouvoir de protéger leurs domaines et de sauvegarder leurs récoltes. Dans tous les cas, il importe que le code rural mentionne expressément le droit de ceux-ci à une indemnité de la part des propriétaires des forêts. Si l'indemnité est due, quand il s'agit de lapins, elle doit l'être tout aussi bien quand il s'agit de lièvres. En pratique, elle est, paraît-il, accordée quelquefois ; mais il est utile qu'un texte précis de la loi en consacre le principe.

Ces animaux ne sont pas les seuls qui sont nuisibles à l'agriculture. Il en est d'autres qui, pour être plus petits, n'en exercent pas moins des ravages considérables. Je veux parler des chenilles, des hannetons et des souris.

Pourquoi le projet ne dit-il rien de l'échenillage, cette opération si importante pour l'agriculture? Cette matière a évidemment sa place dans le livre premier du code rural, dans le titre ou à la suite du titre où il est traité des animaux nuisibles. C'est là qu'on doit poser le principe de l'obligation d'écheniller les arbres, les haies et les

buissons et du droit de l'autorité municipale de faire
procéder à l'échenillage à défaut des propriétaires, sauf
à renvoyer au livre destiné à la police rurale pour les
conséquences pénales des infractions à cette obligation.
L'omission du projet à cet égard est très facile à réparer,
puisqu'il suffit de copier les principales dispositions de
la loi du 26 ventose an IV.

La loi de 1844 sur la chasse donne au préfet des pouvoirs suffisants pour empêcher la destruction des oiseaux,
ces utiles auxiliaires de l'homme contre les chenilles et
les insectes. Je n'ai donc rien à dire sur ce point.

Les ravages exercés périodiquement par les hannetons
se font principalement sentir sur les vignes. On sait aujourd'hui que leur ennemi le plus formidable, leur des-
tructeur le plus acharné, c'est la taupe. La routine n'en
continue pas moins à faire, dans le plus grand nombre
des localités, une guerre impitoyable à ce pauvre animal
dont la nourriture exclusive est le ver blanc ou larve du
hanneton. Dans presque toutes les communes de la haute
Alsace, (j'ignore ce qui se passe ailleurs) il y a un fonction-
naire particulier, le taupier, qui a la charge officielle de
l'exterminaion des taupes. Leur destruction est cependant
nécessaire dans les prés où le soulèvement des terres
causé par les galeries qu'elles pratiquent dans le sol
rendrait presque impossible la coupe des herbes. Mais
partout ailleurs elles devraient être respectées. Ce n'est
pas à la loi d'y pourvoir. Il s'agit ici plutôt d'instruire
les cultivateurs. Néanmoins le code rural remédierait
peut-être en partie à cet état de choses au moyen d'une
disposition qui consacrerait l'usage en vertu duquel le
maire nomme un taupier public, mais qui interdirait
en même temps à ce dernier la chasse des taupes

sur d'autres terres que les prairies. Au reste, il va
sans dire que ses services ne pourraient pas être im-
posés aux propriétaires qui ne voudraient point recourir
à son office.

Ce n'est, au surplus, que dans leur intelligence et
leur activité que les cultivateurs trouveront les moyens
de destruction des hannetons comme aussi des souris,
cet autre fléau de l'agriculture. Tout ce que le législateur
peut faire, et il est souhaitable qu'il le fasse, c'est d'insérer dans le code un texte qui confère aux conseils
municipaux la faculté de voter, quand il y aura lieu, des
récompenses à ceux qui détruiront ces animaux. Je sais
bien que c'est là une faculté qui leur appartient naturellement, et sans que la loi ait besoin de la leur donner. Je
sais aussi qu'il en usent quelquefois. Mais je me per-
suade que l'énonciation de ce droit dans le code rural
aurait pour effet de les engager à en pratiquer l'usage
de plus en plus ou même à l'inaugurer là où il n'existe
pas jusqu'à présent, et cela pour le plus grand avantage
de l'agriculture.

Deux articles du projet sont consacrés à la saisie des
ruches à miel et des vers à soie. Celui qui concerne les
ruches statue que, dans le cas où elles sont saisissables
séparément des fonds auxquels elles sont attachées (c'est-à-
dire à la requête de ceux qui ont fourni des aliments aux
propriétaires des abeilles ou de celui qui les lui a vendues
ou qui lui a prêté des deniers pour les acheter), elles ne
peuvent être *déplacées* que pendant les mois de décembre,
janvier et février. Rien de plus sage que cette prescription qui a pour but de ne pas entraver le travail des abeilles et d'assurer la conservation des essaims.

C'est une disposition pareille conçue en termes sem-
blables que l'on eût dû appliquer à la saisie des vers à
soie. Mais le projet se sert d'une rédaction différente :
« les vers à soie ne peuvent être *saisis* pendant leur travail. Il en est de même des feuilles de murier qui leur
sont nécessaires. » Si l'on veut maintenir la saisie des
vers à soie indépendamment de celle de la magnanerie,
il me semble que cette saisie, qui peut être urgente, doit
pouvoir s'exercer en tout temps. Seulement de même
que les abeilles, les vers à soie ne doivent pas être *dépla-
cés* pendant leur travail. De cette façon, le débiteur ne
pourra pas les aliéner au préjudice de ses créanciers et
ceux-ci feront vendre les cocons et les œufs en vertu de
la saisie pratiquée antérieurement.

N'y a-t-il pas quelque chose de mieux à faire? Ne con-
vient-il pas de déclarer les vers à soie immeubles par
destination, en considérant en outre les champs de
mûriers comme partie intégrante de la magnanerie? Les
vers à soie sont à une magnanerie ce que les chevaux,
les bœufs, les vaches sont à une ferme. Il n'y a pas plus
de raison pour permettre de saisir les uns plutôt que les
autres indépendamment des fonds auxquels ils sont attachés.
Si les abeilles sont immeubles par destination, c'est à
bien plus forte raison que les vers à soie doivent l'être ;
car les ruches ne sont le plus souvent qu'un accessoire
insignifiant des exploitations agricoles, tandis qu'une
magnanerie sans vers à soie ne se conçoit pas. C'est donc
une contradiction choquante que ceux-ci puissent faire
l'objet d'une saisie mobilière, tandis que celles-là n'en
sont pas susceptibles. D'un autre côté, le projet dit que
les feuilles de murier nécessaires aux vers à soie ne sont
pas saisissables. Mais qui songera à saisir des feuilles de

murier qui se déssèchent et deviennent inutiles du jour
au lendemain ou même d'une heure à l'autre ? La saisie-
exécution en serait ridicule. Il en serait même ainsi presque toujours de la saisie-brandon ; car il est évident que
des feuilles de murier ne peuvent pas être vendues, à la
suite d'une saisie, comme des foins ou des blés, des
raisins ou des pommes, non encore récoltés. Pour que
cette saisie fût efficace, il faudrait qu'il y eût précisément
dans les environs une autre magnanerie, qui manquerait
momentanément de feuilles de murier : ce qui serait un
cas tout à fait insolite. Quoi qu'il en soit, ce qui doit être
insaisissable en dehors de la saisie immobilière de la magnanerie, c'est le champ même qui produit les feuilles.

C'est ici le lieu de combler une lacune du code Napoléon.
Je dis une lacune, quoique ce ne soit pas par suite d'un
oubli, mais bien d'une volonté réfléchie que ses rédacteurs
n'ont pas mis les fourrages nécessaires aux animaux employés à la culture au nombre des immeubles par destination : ainsi que le prouve la suppression du mot *foins*
qui, dans le projet primitif de l'article 524 de ce code,
se trouvait placé à côté des mots *pailles* et *engrais* Aussi
les auteurs, M. Demolombe excepté, enseignent-ils que
les fourrages ne sont pas immeubles par destination. Les
déclarer tels, ce serait, disent MM. Aubry et Rau, « étendre au delà de ses limites l'idée servant de base aux dispositions de l'article 524 et d'après laquelle on ne doit
ranger parmi les immeubles par destination que les objets
directement et immédiatement destinés à l'exploitation
du fonds. » Si telle est l'idée de l'article 524, elle est
très-certainement fausse, car du moment que les animaux attachés à l'exploitation sont immeubles par destination, il est difficile de comprendre que les fourrages

nécessaires à leur nourriture ne le soient point. Les fourrages sont en ce cas un accessoire qui doit suivre le sort du principal auquel il tient. A ce point de vue, la logique ainsi que l'utilité exigent que les fourrages soient classés au nombre de ces immeubles bien plutôt que les pailles et les engrais. Aussi les auteurs du code de procédure ont-ils été bien mieux inspirés que ceux du code Napoléon, lorsque, plaçant parmi les objets non susceptibles de saisie mobilière une vache ou trois brebis ou deux chèvres, ils y ont ajouté les pailles, fourrages et grains nécessaires pour la litière et la nourriture de ces animaux pendant un mois. Il est donc rationnel que parmi les immeubles par destination soient compris les fourrages, et par ce mot il faut entendre non-seulement les foins, les regains et les trèfles, mais encore l'avoine, les betteraves, et en général les produits de la terre destinés à la nourriture des animaux de labour.

Il va de soi que ce que je viens de dire touchant l'opportunité de déclarer immeubles par destination les fourrages et les vers à soie n'infirme en rien les observations que j'ai faites précédemment sur l'avantage qu'il y aurait à ce que ces immeubles fussent saisissables indépendamment des fonds dont ils font partie, dans les circonstances dont j'ai parlé.

Le titre VIII du projet, dont les dispositions sont en général calquées sur la loi du 20 mai 1838, s'occupe *des vices rédhibitoires dans les ventes d'animaux domestiques.*

La première question qui se pose ici est celle de savoir si la loi doit contenir une liste spéciale de vices rédhibitoires ou si elle ne doit pas plutôt laisser simplement les actions en rédhibition sous l'empire du droit commun formulé par l'article 1641 du code Napoléon et en vertu duquel le vendeur est tenu « de la garantie à raison des défauts cachés de la chose vendue, qui la rendent impropre à l'usage auquel on la destine ou qui diminuent tellement cet usage que l'acheteur ne l'aurait pas acquise . . . . . s'il les avait connus »

Or la question est très-controversée parmi les vétérinaires.

Je n'ai pas la compétence nécessaire pour entrer dans cette controverse. Je ne saurais cependant me dispenser de faire remarquer que tout le monde — gouvernement, vétérinaires, agriculteurs, jurisconsultes — est d'accord sur ce point qu'il faut chercher à tarir, autant que possible, la source des procès qui résultent des ventes d'animaux, car ce sont les contestations de ce genre qui sont les plus fréquentes et quelque fois les plus funestes dans les campagnes. Or, il est bien difficile de croire qu'une loi, qui n'autorise l'action en redhibition que dans certains cas strictement limités, n'offre pas sous ce rapport plus d'avantages que l'application pure et simple de la loi commune qui autorise toutes les réclamations au sujet de toute espèce de vices ou de prétendus vices et livre au juge, d'une manière absolue et sans aucun correctif, le soin d'apprécier le bien ou le mal fondé des demandes rédhibitoires. Aussi se rallie-t-on sans peine à l'opinion de la société impériale et centrale de médecine vétérinaire qui, consultée par le ministre de l'agriculture sur les résultats de l'application de la loi du 20 mai 1838, a été d'avis « qu'une loi qui restreint et désigne nominativement les vices rédhibitoires est préférable à l'article 1641, dont le texte trop compréhensif laisse une telle latitude

aux experts que le nombre des vicés rédhibitoires devient
aussi indéterminé que possible.»

Telle est aussi l'opinion émise par la société vétérinaire
d'Alsace, dans un mémoire qu'elle a adressé spontané-
ment au même ministre à la date du 9 mai 1868. Seulement elle demande que, à côté de la liste légale des
vices rédhibitoires, on maintienne « une certaine garantie
de droit commun *pour les défauts cachés* GRAVES, qui
déprécieront considérablement l'animal acheté.» Il y aurait, dans ce système mixte et intermédiaire, une contradiction qui n'échappera à personne. On aurait beau fer-
mer d'un côté la porte à l'arbitraire : il rentrerait d'un
autre côté par une autre porte largement ouverte. Et
dès lors le plus simple et le meilleur seraient d'en revenir tout uniment à l'article 1641, car la coexistence et
l'application simultanée de cet article à portée générale
et d'une loi à dispositions spéciales ne formeraient
qu'un nouvel élément de complications. En vain la société
d'Alsace dit-elle avec une modestie qui l'honore « que la
science vétérinaire n'est pas à même de prévoir tous les
défauts cachés qui peuvent se présenter dans le commerce
des animaux. » C'est possible ; c'est même sûr. Mais,
encore une fois, mieux vaut alors s'en tenir au droit
commun. Nous verrons du reste que le conseil d'Etat,
éclairé par ces opinions diverses et contraires qu'il paraît au premier abord impossible de concilier, s'est arrêté
à une mesure d'une prudence et d'une sagesse incontestables et qui donne jusqu'à un certain point satisfaction
à ce qu'il y a de légitime et de fondé dans chacune de ces
opinions différentes.

C'est également pour le motif qui vient d'être indiqué
qu'on approuvera la disposition du projet, qui porte :

« si l'animal vient à périr, le vendeur ne sera pas tenu
de la garantie, à moins que l'acheteur n'ait intenté une
action régulière dans le délai légal et ne prouve que la
perte de l'animal provient de l'une des maladies spécifiées » par la loi.

La société impériale et centrale elle-même avait d'a-
bord pensé que, en cas de mort de l'animal, l'acheteur
devait être admis à prouver que la mort est le résultat
d'un vice caché et antérieur à la vente, alors même qu'il
s'agirait d'un vice non inscrit dans la loi. Mais elle n'a pas
tardé à modifier cette manière de voir et avec raison, ce
semble; car ainsi qu'elle le remarque fort bien, « ce
serait revenir au régime *de l'arbitraire des expertises,*
arbitraire d'autant plus redoutable que les pièces de conviction disparaissant avec les cadavres, les tribunaux n'ont
plus sous les yeux, pour asseoir leurs jugements, que des
procès-verbaux qui peuvent être incomplets, peu fidèles
et rédigés de telle sorte, par insuffisance ou défaut de
compétence de leurs auteurs, qu'il devienne impossible
de discerner la part de vérité ou d'erreur qu'ils renfer-
ment » — ce serait donc « mettre la loi sur la garantie
en complète contradiction avec elle-même que d'élar-
gir . . . . . dans une proportion illimitée, le cadre des
maladies rédhibitoires après la mort et de restreindre . .
dans de si étroites limites le chiffre de ces maladies pendant la vie. »

La disposition du projet diffère quant à la forme de la
disposition correspondante de la loi du 20 mai 1838 où
on lit : *Si, pendant la durée des délais, l'animal vient à
périr,* le vendeur ne sera pas tenu de la garantie, à
moins que l'acheteur ne prouve que la perte de l'animal
provient de l'une des maladies spécifiées » dans la loi.

Cette rédaction a été modifiée sur les observations de la société impériale de médecine vétérinaire, parce qu'on peut en induire que l'acheteur perd toute espèce de droit et d'action, lorsque l'animal n'a péri qu'après l'expiration du délai, bien que l'action rédhibitoire ait été intentée auparavant. Il est clair en effet que le droit de l'acheteur qui est en règle doit être le même, soit que la perte de l'animal ait lieu dans le délai même, soit qu'elle ait lieu postérieurement, pourvu que, dans ce dernier cas, le défaut ou la maladie aient été constatés pendant que l'on se trouvait encore dans le délai légal.

Voilà pour les généralités. Quant aux détails, c'est-à-dire quant aux vices qui doivent ou ne doivent pas être considérés comme rédhibitoires, il n'y a pas non plus accord entre les vétérinaires. A cet égard, le projet diffère de la loi de 1838 sous trois rapports : il supprime certains vices redhibitoires ; il en indique quelques nouveaux et il décide que, lorsque le sang de rate aura fait périr moins du quinzième des animaux d'un troupeau de l'espèce ovine, la rédhibition aura lieu pour les bêtes mortes, tandis que la loi précitée n'accordait en ce cas à l'acheteur aucune action, aucune indemnité.

Cette dernière règle, dont l'équité saute aux yeux, a été insérée dans le projet sur la demande de la société impériale de médecine vétérinaire.

C'est également en suivant les indications de cette société que le conseil d'Etat a attribué ou enlevé le caractère rédhibitoire à certaines maladies où à certains défauts.

Les vices qu'on propose de ne plus reconnaître désormais comme rédhibitoires sont la fluxion périodique des yeux, l'épilepsie ou mal caduc, les maladies anciennes

de poitrine ou vieilles courbatures, la pousse et les hernies inguinales intermittentes , pour les animaux de
l'espèce chevaline ; et pour ceux de l'espèce bovine, l'é-
pilepsie, la phthisie pulmonaire et le renversement du
vagin et de l'uterus après le part chez le vendeur.

Les raisons qui ont été mises en avant par la société
impériale pour justifier cette suppression et auxquelles
la société d'Alsace a en général adhéré, sont principalement la grande difficulté, souvent l'impossibilité absolue
de constater l'existence et la réalité de ces vices, et la
charge de frais excessifs qui sont quelquefois hors de
toute proportion avec la valeur des animaux litigieux.
On ajoute particulièrement, pour la fluxion périodique
des yeux et pour la pousse du cheval, qu'elles sont la
source d'un nombre considérable de fraudes ; pour les
hernies inguinales intermittentes des bêtes de l'espèce
chevaline, pour le renversement de l'uterus et l'epilepsie
des animaux de l'espèce bovine, qu'ils sont d'une exces-
sive rareté ; et pour le renversement du vagin des vaches,
qu'il n'a pas assez de gravité. Cependant la société d'Alsace a été d'avis, mais sans en donner le motif, de conserver ce dernier vice , ainsi que celui qui résulte
de la phthisie pulmonaire pour l'espèce bovine. Elle a
proposé aussi le maintien, pour l'espèce chevaline, des
maladies anciennes de poitrine ou vieilles courbatures et
de la pousse. Mais on comprend que ses opinions étant
à peines motivées, le conseil d'Etat ait préféré suivre
celles de la société centrale qui a déduit, avec beaucoup
d'ampleur et de logique, les motifs de ses décisions.
La pousse seulement a été admise par le conseil
d'Etat, mais sous le nom d'emphysème pulmonaire, c'est-
à-dire quand elle présente les caractères nets et tranchés

que la société impériale a elle-même décrits dans son mémoire.

Les cultivateurs que j'ai eu l'occasion de consulter sur ce sujet m'ont également paru favorables à la suppression de ces vices comme rédhibitoires, précisément à cause du grand nombre de procès qu'ils engendrent et aussi — je l'ajoute à regret, mais je dois l'ajouter, parce que c'est une plainte générale parmi eux et dont la légitimité ne me semble malheureusement pas pouvoir être mise en doute — par suite de la vénalité des experts et de la facilité avec laquelle ils se laissent corrompre.

J'ai entendu cependant soutenir qu'il fallait maintenir, pour l'espèce chevaline, l'épilepsie et la fluxion des yeux comme causes de rédhibition. La raison en est que — tandis qu'un animal des espèces bovine, ovine ou porcine, atteint d'une maladie ou d'un défaut quelconque, peut encore presque toujours et malgré tout être utilisé, engraissé pour la boucherie — un cheval, sujet au mal caduc ou à l'inflammation périodique des yeux, n'a plus aucune valeur : de sorte que l'acheteur, qui peut l'avoir payé très-cher, se trouve littéralement frustré. On ne saurait nier qu'il y a quelque chose de plausible dans cette considération ; et, sans m'en porter garant, je la livre aux méditations de nos législateurs.

La société impériale et la sociéte d'Alsace sont d'accord entre elles pour conserver les autres vices déterminés par la loi de 1838. Je passerai donc sous silence — étant incapable d'en juger par moi-même — ce qui concerne la morve et le farcin, l'immobilité, le cornage chronique, le tic sans usure des dents, la boiterie intermittente pour cause de vieux mal : vices particuliers à l'espèce chevaline ; pour l'espèce bovine, les suites de la non-délivrance

après le part chez le vendeur, ou plutôt, selon la modification proposée par le Conseil d'Etat sur les observations des sociétés centrale et alsacienne, si le part est
antérieur à la livraison de l'animal ; et enfin les vices
spéciaux à l'espèce ovine, savoir la clavelée et le sang
de rate. On trouvera dans le mémoire de la première de
ces sociétés, avec des développements suffisants, toutes
les raisons qui militent en faveur du maintien de ces
vices sur la liste de la loi.

Mais le Conseil d'Etat propose d'ajouter à cette liste
quelques nouveaux vices, à savoir, pour l'espèce chevaline, la méchanceté, la rétivité caractérisée par le refus
de l'animal de se laisser utiliser au service auquel il est
destiné, le tic avec usure des dents ; et pour l'espèce
porcine, la ladrerie.

C'est la Société impériale de médecine vétérinaire qui,
sauf la ladrerie, a demandé l'adjonction de ces nouveaux
vices.

Suivant elle, « la méchanceté, caractérisée par l'habitude de mordre ou de frapper, ou, ce qui est ordinaire,
par ces deux manifestations à la fois, est un vice terrible
qui rend difficile ou impossible l'usage des animaux,
compromet la vie des personnes préposées à leur conduite ou à leurs soins et peut causer à leurs propriétaires
de grands préjudices » par les dommages à la réparation
desquels ceux-ci seraient tenus ; de plus, ce vice « peut
être dissimulé ; » et enfin « il n'est pas impossible d'arriver à distinguer la méchanceté *foncière*, qui est un vice
de nature, de celle qui n'est qu'un accident passager,
destiné à disparaître avec sa cause » et non susceptible
de donner ouverture à une action rédhibitoire.

Pour la rétivité, il y a lieu de l'inscrire parmi les défauts rédhibitoires, à cause de son « extrême gravité, car elle rend l'animal qui en est atteint absolument impropre à tout usage » et ne peut être reconnue « sans un essai préalable qu'il n'est pas possible de faire sur le champ de foire, où les transactions doivent être rapides. »

Quant au tic avec usure des dents, il doit être mis à côté du tic sans usure, car « quand bien même les dents porteraient une empreinte de frottement..., cette empreinte est toujours cachée par les lèvres et, en définitive, pour le commun des acheteurs, elle n'a aucune signification qui doive faire soupçonner l'existence du vice dont elle procède. »

Il n'y a pas de contestation au sujet de l'admission du tic avec usure des dents au nombre des cas rédhibitoires, du moins parmi les partisans d'une liste légale. Mais, du reste, il s'en faut que tous les vétérinaires partagent la manière de voir de leurs confrères de la Société impériale.

La société d'Alsace s'est nettement prononcée contre l'introduction de la rétivité et de la méchanceté parmi les vices légaux, parce que « elles sont trop difficiles à définir et à reconnaître » et qu'elles « auraient pour effet de provoquer des procès nombreux, longs et difficiles. »

M. Abadie, vétérinaire à Nantes, dans une lettre insérée dans le recueil de médecine vétérinaire (n° de juin 1868) critique vivement aussi ces innovations. A l'en croire, la méchanceté réelle peut être parfaitement constatée au moment de la vente (si ce n'est en cas de dol de la part du vendeur ; mais alors l'acheteur est suffisamment protégé par le droit commun et par l'article 83 du projet qui lui accorde des dommages-intérêts dans tous les cas de dol et de délit). L'acheteur ne saurait donc être admis

à se plaindre d'un vice qui n'a rien de caché. La méchanceté d'ailleurs ne nuit souvent en rien à l'usage de l'animal et ne diminue pas sa valeur ; et comme elle comporte
une infinité de degrés, il suffirait de l'inscrire dans la
loi, pour que, sous tout prétexte et à chaque instant, on
invoquât cette cause de rédhibition : ce qui serait une
source intarissable de contestations. En outre, elle peut
surgir tout à coup, soit à la suite d'un accident, soit à la
suite d'un mauvais traitement ; et de la sorte, il ne sera
la plupart du temps pas possible de reconnaître si son
origine est antérieure ou postérieure à la vente.

Il n'est pas plus judicieux, selon M. Abadie, de faire
figurer la rétivité parmi les défauts rédhibitoires :

D'abord parce que presque toujours, sinon toujours,
elle est un vice facile à corriger et surtout parce que de
sa nature elle ne constitue qu'un défaut relatif. Tel cheva
qui est rétif à la selle, ne l'est pas à la voiture et réciproquement ; ou tel autre, dont tel conducteur ne parvient
pas à faire façon, est au contraire d'une docilité parfaite
entre les mains d'un homme qui sait le diriger. D'où il
suit qu'elle ne se prête pas à une expertise sérieuse et
ne peut engendrer, elle aussi, que des procès innom-
brables en donnant un accès sans borne à la chicane et
à la fraude.

Au millieu de ces opinions multipliées et diverses
qui se heurtent et se contredisent, le Conseil d'Etat a
fait preuve d'une grande sagesse en décidant « que la
nomenclature des vices rédhibitoires peut être modifiée
par des règlements d'administration publique. » De cette
façon, soit que les problèmes concernant les maladies des
animaux s'élucident et se résolvent en vérités certaines
universellement acceptées par les hommes de l'art, soi

même que ces maladies se transforment ou que des maladies encore inconnues viennent s'ajouter aux anciennes ou les remplacer, les dispositions législatives sur les vices redhibitoires suivront toujours le niveau des progrès de la science vétérinaire.

Seulement le texte précité du projet est à compléter. Il faut donner au pouvoir réglementaire le droit de déterminer également les délais dans lesquels devra être introduite l'action résultant des nouveaux cas de redhibition qui seraient établis dans l'avenir. Il est possible que le délai de neuf jours soit trop court pour la constatation de certains vices. C'est ainsi que jusqu'à présent le délai était de trente jours, en cas d'épilepsie ou de fluxion périodique des yeux. Si l'expérience vient démontrer, comme c'est très-possible, qu'on a eu tort de rayer ces maladies du nombre des vices rédhibitoires, il faudrait bien que, avec le droit de les inscrire de nouveau sur la liste légale, le gouvernement ait celui de rétablir le délai de trente jours, nécessaire pour les constater. De même des maladies nouvelles ou jusqu'ici inconnues peuvent exiger un délai plus ou moins long ; et l'indication de nouveaux cas rédhibitoires pourrait être illusoire, si l'action devait être intentée dans les neuf jours à peine de déchéance.

Mais s'il faut louer le Conseil d'Etat d'avoir adopté une mesure qui se prête à toutes les exigences futures et qui est ainsi excellente, à la condition toutefois que le pouvoir réglementaire en use avec discrétion, il est permis de douter qu'il ait été bien inspiré en faisant figurer dès à présent, contre le vœu général, la ladrerie du porc sur la liste nouvelle qu'il propose. La société impériale avait bien dit : la ladrerie « est une maladie grave, car elle déprécie considérablement l'animal qui en est atteint ;

elle diminue dans une large mesure l'usage auquel on le
destine, elle peut même faire qu'il y soit tout à fait impropre. — Il faut ajouter qu'une autre considération d'un
ordre supérieur au point de vue de l'hygiène publique
milite beaucoup pour que la ladrerie du porc soit rédhibitoire, c'est que la science a démontré d'une manière
certaine que le *tœnia* de l'homme ou *ver solitaire*, comme
on l'appelle vulgairement, procéde de la ladrerie. » Mais
d'autre part la société a considéré que cette maladie
est trop difficile à reconnaître pendant la vie de l'animal et en définitive elle a conclu qu'il n'y avait pas lieu
de la mentionner dans la loi. Pareille est l'opinion de la
société d'Alsace.

Les cultivateurs que j'ai interrogés ont également été
de cet avis. Mais ils l'ont fondé sur le motif qu'un porc,
dût-il périr de la maladie dont il est atteint, n'a pas une
valeur assez considérable pour que l'on s'engage dans
les soucis et les frais d'un procès. Il ne doit y avoir, m'a-
t-on dit, aucun vice redhibitoire pour l'espèce porcine.

Il est certain que la ladrerie, et j'ajoute la trichinose,
peuvent rendre les porcs qui en sont affectés impropres
à l'usage de la boucherie. La raison pour laquelle le
Conseil d'Etat a inscrit dans le projet la première de ces
maladies (il n'a sans doute pas songé à la seconde, dont
la société impériale n'a point parlé) est très-certainement
la crainte que l'hygiène publique en souffrît. Les bou-
chers n'hésiteraient guère en effet à mettre en vente de
la viande de porcs malades, s'ils n'avaient aucun recours
contre leurs vendeurs. Mais s'en suit-il que la ladrerie
et la trichinose doivent, en règle générale et absolue,
être réputées rédhibitoires : ce qui engendrerait des
contestations sans nombre, sans intérêt suffisant, sans

solution équitable possible? Il me semble qu'il en résulte
seulement que l'article du projet qui abroge, avec raison
du reste, les « règlements imposant une garantie exceptionnelle aux vendeurs d'animaux destinés à la boucherie»
doit contenir une exception relative aux porcs ladres et tri-
chinés.

Le titre relatif aux vices rédhibitoires contient encore
certaines innovations sur lesquelles il importe de s'arrêter un moment.

Le projet porte : « à défaut de conventions contraires,
et sans préjudice *des dommages-intérêts* qui sont dus s'il
y a *délit* ou dol de la part du vendeur, seront réputés
vices rédhibitoires.....»

La jurisprudence décidait déjà, comme cela est juste,
que la désignation limitative des vices rédhibitoires par
la loi ne formait pas obstacle à ce que l'acheteur intentât
une action rédhibitoire à raison d'autres vices, lorsque
ceux-ci étaient restés cachés lors de la vente par suite
de manœuvres frauduleuses du vendeur. Néanmoins les
auteurs du projet ont bien fait de lui réserver ce droit
dans la loi en termes formels. Seulement, au lieu des
mots « sans préjudice *des dommages-intérêts* » il faut
mettre ceux-ci « sans préjudice *des effets du droit commun.* » La rédaction que propose le Conseil d'Etat donnerait à entendre que l'acheteur, victime d'une fraude,
n'a qu'un simple recours en dommages-intérêts et non
l'action double et alternative en dommages-intérêts
ou en résolution du contrat. Il est probable que le Conseil d'Etat n'a écrit ces mots que dans la supposition de
manœuvres destinées à céler des vices réputés rédhibitoires, dont l'existence confère toujours à l'acheteur,
mais ne lui confère qu'une action en résolution de la

vente, tandis que, dans le cas de fraude de la part du
vendeur, l'acheteur aurait en outre droit à des dommages-intérêts. Mais, dans la rédaction que je propose,
tout vice classé ou non classé comme rédhibitoire, donnerait lieu à une action, s'il avait été dissimulé par suite
de manœuvres frauduleuses. Rien ne serait plus juste,
pourvu que l'on restât dans les termes et dans les limites
du droit commun, c'est-à-dire pourvu que le vice fût
réellement caché et suffisamment grave pour rendre l'animal impropre à son usage ou pour diminuer considérablement cet usage.

Ceci posé, on approuvera le Conseil d'Etat d'avoir as-
similé le *délit* du vendeur à son *dol*. Ce n'est pas seulement, en effet, lorsqu'il y a dol, c'est-à-dire certaines
fraudes pratiquées pour tromper l'acheteur, que celui-ci
doit avoir un recours ; c'est aussi lorsque le vendeur a
vendu *sciemment* un animal impropre à l'usage auquel il
est destiné ; car le mot *délit*, qui doit être pris ici dans
le sens qu'il a en droit civil et non dans le sens qu'il a
en droit criminel, signifie toute acte non conforme à la
justice, qui, du su de son auteur, est nuisible à autrui.
Ainsi, pour me borner à un seul exemple et dans l'hypothèse de la suppression définitive de l'action résultant de la
fluxion périodique des yeux, le vendeur, qui a livré un
cheval atteint de cette infirmité, sera tenu de la garantie,
s'il est prouvé qu'il avait connaissance du défaut. Ce
n'est qu'à cette condition, ce me semble, que l'on peut
comprendre une loi qui limite le nombre des vices rédhibitoires concernant certaines espèces d'animaux ; car,
s'il en était autrement, la loi livrerait elle-même les hon-
nêtes gens à la merci des fripons. C'est dans ce sens et
dans ce cas, mais seulement dans ce sens et dans ce cas,

que j'adhère à l'opinion de la société d'Alsace qui réclame, indépendamment de la garantie particulière à certains vices, le maintien d'une certaine garantie de droit commun.

C'est également par le droit commun que l'on continuera à résoudre la question de savoir si, en matière de vices désignés comme rédhibitoires, l'acheteur, qui connaissait les vices de l'animal acquis par lui, aura un recours contre le vendeur. Il me paraît évident qu'il n'en aura pas, et je ne crois pas qu'il soit permis d'induire une solution contraire des termes du projet. Je n'en insiste pas moins sur ce point, parce que la société impériale de médecine vétérinaire s'est vivement prononcée contre cette manière de voir et que, à raison de l'autorité légitime qui lui compète, son opinion s'imposerait facilement aux experts et même aux magistrats, surtout aux juges de paix : « il n'y a pas lieu, lit-on dans son mémoire, il n'y a pas lieu, sous l'empire de la loi de 1838, de faire l'application de l'article 1642 du code civil. Tout vice réputé rédhibitoire par cette loi est *par essence* un vice *caché* et doit être considéré comme tel *dans toutes les circonstances*. La doctrine contraire ne pourrait que donner lieu à d'inextricables et à d'interminables procès. Comment établir, en effet, dans la plupart des cas, qu'un acheteur *a pu se convaincre par lui-même* qu'un vice rédhibitoire, reconnu par un expert sur un animal qui vient d'être vendu, était apparent au moment de la vente?» Je ne crains pas d'avancer que les jurisconsultes se résigneront difficilement à souscrire à cette thèse. La règle qui décharge le vendeur de toute garantie, lorsque l'acheteur a acquis en connaissance de cause, est un principe d'équité et de raison, dont on aurait peine à

concevoir la suppression. La société impériale s'est beaucoup trop préoccupée des suites de l'application de cette
règle ; car celle-ci n'aurait pas dans la pratique les conséquences funestes qu'elle signale. Elle semble croire que
les parties seraient devant le juge dans une position égale
et que ce dernier n'aurait aucun critérium pour se prononcer avec rapidité et certitude entre des dires contraires
et se contre-balançant : ce qui aurait effectivement pour
résultat de multiplier et d'éterniser les contestations. Mais
il n'en est pas ainsi. Du moment qu'un vice est inscrit
dans la loi comme rédhibitoire, il y a *présomption* que le
vice était caché, ignoré de l'acheteur. Pour ébranler cette
présomption, le vendeur sera tenu d'articuler des faits
précis et décisifs : sinon la preuve offerte par lui et tendant à établir que l'acheteur avait connaissance des vices
sera rejetée comme non pertinente. Il en est du reste
de même, en sens inverse, dans le cas de délit de la
part du vendeur : l'acheteur qui prétend que le vendeur
connaissait le vice de l'animal, ne sera pas écouté, à
moins qu'il n'établisse péremptoirement la mauvaise
foi, le délit du vendeur, Si l'on repoussait la doctrine
que j'expose, on serait conduit jusqu'à ces conséquences absurdes , savoir que l'action rédhibitoire appartiendrait à l'acheteur , bien qu'il avouât avoir connu
l'existence et la gravité du vice et que le vendeur n'en-
courrait aucune responsabilité, quoiqu'il déclarât avoir
sciemment vendu un animal impropre à l'usage auquel il
était destiné.

On pourrait concéder tout au plus — et encore y ver-
rais-je de graves objections — que la preuve de la connaissance des vices par l'acheteur ne pourra se faire qu'au
moyen de la délation du serment à l'acheteur ou de son
aveu littéral ou judiciaire.

27

Telles sont les observations que j'avais à présenter sur ces points divers ; et comme le code rural sera entre les mains de vétérinaires et de cultivateurs souvent peu familiers avec l'herméneutique juridique, j'ajoute qu'il y aurait quelque importance à ce qu'elles trouvassent place dans ce code.

Je ne m'arrêterai pas sur la disposition du projet, reproduite de la loi de 1838, qui refuse à l'acheteur l'action en diminution de prix et ne lui accorde que l'action rédhibitoire : c'est, je le crois, une règle très-sage, son but et son effet étant de garantir la sincérité des réclamations et de diminuer considérablement le nombre des procès. Mais je demanderai la révision de l'article 1647 du code napoléon, d'après lequel, si « la chose qui avait des vices » à péri « par cas fortuit » la perte en est « pour le compte de l'acheteur. » Qu'importe que l'animal ait péri par cas fortuit ou même par la faute de l'acheteur ? L'action doit être recevable, dès qu'il est certain que les vices de la bête lui ôtaient tout ou partie de sa valeur. Si j'ai acheté pour cinq cents francs un cheval qui, par suite de ses défauts, ne vaut en réalité que cent francs et que ce cheval vienne à périr même par ma faute, il est clair que je ne perds cependant que cent francs par ma faute, et que, pour les autres quatre cents francs, j'en suis réellement frusté par le fait de mon vendeur, nullement par le mien.

Aussi le droit romain, d'accord avec l'équité, laissait-il, dans ce cas, à l'acheteur son recours ordinaire, sauf déduction du prix de l'animal au moment où il a péri ; on ne voit vraiment pas pourquoi les auteurs du code napoléon n'ont pas suivi sur ce point la tradition juridique, si ce n'est peut-être dans le but de diminuer

le plus possible le nombre des contestations : but louable
assurément, mais qu'il ne faut cependant pas chercher à
atteindre aux dépens de la justice et de l'équité.

Quelques mots seulement sur les légères innovations
du projet touchant la procédure des actions en rédhibition : car ces innovations sont fort simples et s'expliquent
d'elles-mêmes.

L'acheteur, qui veut intenter l'action, pourra présenter
au juge de paix sa requête à fins de nomination d'experts
soit par écrit, soit verbalement, c'est-à-dire sans aucune
espèce de formalités : d'où la conséquence que l'ordonnance rendue sur la requête doit faire mention de la date
de celle-ci, afin qu'il soit authentiquement constaté
qu'elle a été présentée dans le délai légal. Le projet détermine d'une manière précise le rôle et le devoir des
experts : ce que la loi de 1838 avait laissé sous l'empire
des règles générales du code de procédure. Il dispose,
comme cela est convenable, que le vendeur sera appelé
à l'expertise, à moins que son domicile ne soit trop éloigné ou qu'il n'y ait urgence, faits qui seront constatés par
le juge de paix. Il fixe enfin les délais de la citation du
vendeur, suivant qu'il a été ou n'a pas été appelé à l'expertise. Toutes ces règles complètent d'une manière heureuse les indications de la loi de 1838.

Mais une disposition qui semble moins irréprocha-
ble est celle qui maintient la dispense du préliminaire
de conciliation. La société impériale et la société d'Alsace ont toutes deux exprimé le vœu que la loi de 1838
fût modifiée à cet égard. Et je ne crois pas me tromper
en pensant que les cultivateurs seraient également de cet
avis. Dans tous les cas, c'est le mien. La statistique ne
laisse aucun doute sur les excellents résultats des tenta-

tives de conciliation en général ; j'ose affirmer qu'elles auraient en particulier une influence favorable dans les contestations concernant les vices rédhibitoires, qu'elles atténueraient bien plutôt qu'elles n'aggraveraient ce qu'il y a de funeste dans la fréquence presque inévitable des litige de cette nature, et qu'elles seraient le correctif des effets, bien rigoureux souvent en pratique, qui résultent des désignations limitatives de la loi. S'agit-il d'ailleurs d'exiger impérieusement que toute instance rédhibitoire soit précédée du préliminaire de conciliation? non, il s'agit simplement d'en revenir au droit commun, d'après lequel la nécessité de la tentative est la règle et la dispense l'exception. Il suffit pour cela de passer ce point sous silence dans le code rural : ce que fera, je l'espère, le Corps législatif.

Enfin il serait utile de rédiger avec plus de précision et par cela même avec plus d'exactitude l'article qui dispose que « le délai pour intenter l'action rédhibitoire sera de neuf jours francs, non compris le jour fixé *pour la livraison.* » Si le délai doit en général courir du jour fixé pour la livraison, il en est cependant autrement, lorsque le vendenr, quoique en demeure de le faire, n'opère pas la livraison; dans ce cas, c'est le jour où celle-ci a réellement eu lieu qui doit être le point de départ du délai. L'article en question devrait donc être conçu en ces termes : le délai.... sera de neuf jours, non compris le jour fixé pour la livraison ou, si le vendeur est en demeure, *celui de la tradition réelle.*

Il est un objet qu'il ne serait pas sans intérêt, si je ne me trompe, de comprendre dans les prévisions du Code rural. Voici, en effet, l'usage qui existe relativement aux

taureaux dans toutes les communes rurales de la Haute-
Alsace. Le maire met en adjudication le droit d'entretenir
un ou plusieurs taureaux pour le service des propriétaires
de la commune moyennant une contribution à payer par
ces derniers. L'adjudicataire est naturellement celui qui
se charge des taureaux pour la somme la moins forte ; et
cette somme est répartie entre tous les possesseurs de
vaches et payée par eux à l'adjudicataire en proportion
du nombre des bêtes que chacun possède. A tous les
points de vue, cet usage est mauvais. L'expérience dé-
montre d'abord que l'adjudicataire, qui presque toujours
songe plus à ses propres intérêts qu'à ceux des agriculteurs de la commune, n'entretient le plus souvent que
des taureaux d'une espèce médiocre ou d'une qualité
défectueuse, au grand préjudice de la saine et vigoureuse
reproduction de la race bovine et par conséquent au
grand préjudice de l'alimentation publique. Juridiquement, cet usage a d'autres inconvénients. Dans les localités où les cultivateurs se croient obligés et sont de fait
obligés de se servir du taureau communal et de payer la
taxe fixée par le maire, il est illégal ; car une obligation
et une contribution ne peuvent être établies qu'en vertu
d'une loi. Dans les lieux où un certain nombre de propriétaires s'abstiennent de s'en servir, soit pour constater
leur droit d'abstention, soit à cause de la mauvaise espèce
de l'animal, soit parce qu'un cultivateur possède un taureau particulier qu'il met au service de ses amis, il arrive
que la cotisation des propriétaires de vaches devient de
plus en plus élevée, en même temps que la qualité du
taureau communal devient de moins en moins satisfaisante. En cette occurrence, si l'autorité municipale ne
voulait plus prendre sur elle la charge de veiller à ce

qu'un taureau soit entretenu pour les besoins de la commune, il pourrait se faire que les habitants ne trouvassent
plus le moyen de faire saillir leurs vaches, si ce n'est
dans une commune voisine plus ou moins éloignée, ce
qui aurait de notables inconvénients. Il faut donc aviser.

Sans aucun doute, la libre entente des propriétaires
de vaches et la libre concurrence des possesseurs de
taureaux seraient préférables à la meilleure des règle-
mentations. Mais il ne saurait être question de concurrence dans les petites communes où deux taureaux et
même un seul suffisent et où personne ne tient à s'en
charger, faute de profit suffisamment rémunérateur. Il est
donc nécessaire que les cultivateurs s'entendent soit pour
l'acquisition, soit pour la location d'un taureau commun.
Cependant comme cette question est d'un intérêt général
pour les habitants des communes agricoles; comme aussi,
il faut l'ajouter, les cultivateurs ont été habitués jusqu'à
présent à la considérer comme une affaire municipale
plutôt que comme une affaire personnelle et que cette
habitude persistera plus ou moins longtemps encore, il
serait utile d'insérer dans le Code rural un article qui
permît au maire de convoquer les propriétaires de vaches,
pour qu'ils délibèrent sur les mesures à prendre. Il va
sans dire que leurs décisions ne lieraient point ceux qui
ne les approuveraient pas. Car personne ne songera certainement à demander que l'on convertisse en loi l'usage
que je viens de signaler. Alors même que l'utilité en
serait incontestable, une loi de ce genre paraîtrait attentatoire au principe de la liberté individuelle. Elle rappellerait les anciennes banalités; et l'esprit du droit moderne
met obstacle à ce que les cultivateurs soient contraints
de faire couvrir leurs vaches par le taureau communal

avec autant de force qu'il s'oppose à ce qu'ils soient
obligés de faire moudre leurs grains ou cuire leur pain
au moulin ou au four communal.

Lorsqu'un propriétaire a fait saillir sa vache par le
taureau d'un particulier, celui-ci a-t-il le droit à un
salaire ou bien faut-il, pour qu'il y ait droit, que ce
salaire ait été expressément convenu ? La solution, qui
doit prévaloir, en l'absence de faits ou d'indices propres
à rendre certaine l'intention des parties, est douteuse :
et c'est pourquoi il est opportun qu'elle soit donnée par
le législateur, au lieu d'être abandonnée à l'arbitraire du
juge et au hasard des circonstances. Je fais cette remarque
d'autant plus volontiers que le code civil autrichien a
tranché la question dans le sens que je n'admettrais pas :
il décide que le maître du taureau n'a droit à un salaire
que dans le cas de stipulation expresse. Il me semblerait
plus juste et aussi plus avantageux dans la pratique que
la règle fût en faveur du droit au salaire. Quant à sa
quotité, la loi s'en référerait aux usages locaux.

J'ai terminé les réflexions que m'a suggérées le projet
du livre premier du Code rural. Il y aurait encore quelques critiques à faire sur le mérite de sa rédaction et sur
la valeur de sa méthode. Ainsi qu'on l'a dit, « le législateur n'est pas un docteur ; il commande et n'enseigne
pas. » Il lui suffit de manifester sa volonté ; il n'est pas
astreint à suivre, dans l'expression de cette volonté, un
ordre déterminé et des divisions logiques. Il n'en est pas
moins vrai cependant qu'une bonne méthode, une disposition rationnelle des matières ne peuvent que rehaus-
ser le mérite d'une loi et surtout d'un code. Suivant ma
manière de voir, le livre *du régime du sol* eût dû être

composé de cinq titres, au lieu de dix. Dans le titre préliminaire, consacré aux dispositions sur la propriété en
général et divisé en autant de sections ou de paragraphes
qu'il eût été convenable, on eût pu introduire quelques-
unes des différentes modifications que comporte le régime
de la propriété et faire entrer le titre III du projet intitulé :
Dispositions générales sur l'exploitation de la propriété
rurale. Le titre I eût été divisé en deux sections : la première, relative aux chemins ruraux, eût eu deux paragraphes, l'un concernant les généralités, l'autre les
associations syndicales ; la seconde section se serait
occupée des chemins et des sentiers privés. Le titre II
eut été, comme au projet, le titre du parcours et de la
vaine pâture. Dans le titre III qui eut eu pour rubrique :
De quelques contrats agricoles ou *de quelques droits concernant particulièrement l'agriculture*, on aurait parlé,
sous des sections diverses, de l'emphytéose, de la superficie, du bail héréditaire, à vie, à colonage, à complant, à
convenant, etc Enfin le dernier titre aurait compris tout
ce qui a trait aux animaux. Je me borne à ces indications
sommaires, car je suis convaincu que le Corps législatif
ne se souciera pas de bouleverser de fond en comble le
plan du Conseil d'Etat.

Le législateur n'est pas tenu non plus d'être un pu-
riste. Toutefois il est bon qu'il s'exprime avec correction
et, sinon avec élégance, du moins avec limpidité. Or plus
d'un article du projet n'a pas la netteté désirable. Je me
borne encore à une simple indication, mais persuadé
cette fois qu'on veillera, lors de la discussion du projet,
à en éliminer les négligences de rédaction et les imper-
fections de style.

Je préfère résumer en deux mots l'impression que me

laisse l'étude à laquelle je viens de me livrer : le projet, en codifiant différentes lois anciennes, y apporte des modifications généralement heureuses. Ses dispositions nouvelles sont aussi en général dignes d'approbation. Il en est cependant plusieurs dont la valeur est contestable et quelques-unes qui sont certainement à corriger. Enfin le code projeté renferme un assez grand nombre de lacunes qui doivent être comblées et qui prouvent que la perfection d'une œuvre n'est pas toujours proportionnelle au temps employé à son élaboration.

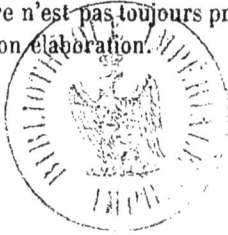